Ing. Eberhard Preusch
Ing. Karl-Heinz Rabis
Dieter Schulze

Ich fahre einen SKODA

Fahrzeugvorstellung
Fahrhinweise
Wartung, Kontrolle und Reparatur

6. Auflage

transpress
classics

Produkthinweis:
Dieses Buch wurde nach den geltenden Vorschriften der General Product Safety Regulation (GPSR) entwickelt. Bei Fragen oder Problemen wenden Sie sich bitte an den Verlag unter der folgenden E-Mail-Adresse: gpsr@paul-pietsch-verlage.de

ISBN 978-3-613-71758-9

1. Auflage 2025
(unveränderter Nachdruck der 6. Auflage 1977)

Sie finden uns im Internet unter www.transpress.de

Verlagslektor: Ernst Spahn
Einbandentwurf: Günter Nitzsche
Innengestaltung: Ingrid Romanowski
Titelbild: Gernot Gattermann
Redaktionsschluß: April 1976
Druck und Bindung: Hunter Books GmbH, 64295 Darmstadt
Printed in Germany

Vorwort

Dieses Buch will zweierlei erreichen. Es will Sie mit den speziellen Eigenschaften der Skoda 1000 MB und S 100 vertraut machen, damit Sie die konstruktionsbedingten Eigenschaften im Interesse einer hohen Verkehrssicherheit jederzeit vorteilhaft nutzen, und es will Ihnen gleichzeitig zeigen, wie größere Pannen und Reparaturen, die meist in der Fahrweise, aber auch in der fehlenden Wartung zum richtigen Zeitpunkt ihren Ursprung haben, durch ein verkehrsdienliches Fahren sowie durch sinnvolle und vorbeugende Wartungs-, Kontroll- und Reparaturarbeiten verhindert werden können.
Der Inhalt, über die Betriebsanleitung weit hinausgehend, ist Ihren Wünschen entsprechend zusammengestellt und gegliedert, d. h. neben einem logischen Aufbau – beginnend bei der Fahrtheorie bis hin zu den nützlichen An- und Einbauten – weisen auch die Überschriften auf die möglichen Ursachen eines Mangels hin bzw. lassen sie erkennen, wo welche Ratschläge zu finden sind.
Ein weiteres Moment sei erwähnt: Die Skoda sind schnelle Fahrzeuge. Wer meint, sie in dafür ungeeigneten Verkehrssituationen voll ausfahren zu können, dem sei gesagt, daß die Pkw-Fahrer mit fast 40 Prozent den höchsten Anteil an den Verkehrsunfällen haben, auch wenn sie im allgemeinen das Verkehrsgeschehen auf den Straßen unserer Republik positiv mitbestimmen. Es kann darum nur gelten, die Regeln der StVO bei jeder Fahrt voll zu beachten und so einen aktiven Beitrag zur Erhöhung der Sicherheit auf unseren Straßen zu leisten.
Wir hoffen, Sie mit den in dieser Arbeit zusammengetragenen und ausnahmslos praxisverbundenen Ratschlägen zu befähigen, Ihr Fahrzeug nach Ablauf der Garantiezeit möglichst selbst warten, technisch kontrollieren und in den Grenzen, die einem Laien nun einmal gesetzt sind, auch reparieren zu können, eben, damit Sie stets mit einem verkehrssicheren Fahrzeug am Straßenverkehr teilnehmen und auch möglichst lange Freude an Ihrem Skoda haben.

Autoren und Verlag

Inhalt

1) im Zylinderkopf hängende Ventile
2) s. Abschnitt „Leistung"

Fahrzeugvorstellung

Auf unseren Straßen fahren sie zu Tausenden: die Skoda 1000 MB und S 100. Die brüderlichen Beziehungen der Tschechoslowakischen Sozialistischen Republik und unserer Republik machen es möglich, daß ständig weitere Wagen hinzukommen und dieser beliebte Wagen darum sicherlich recht bald auch von Ihnen gefahren werden kann. Wer ihn erwerben möchte – vielleicht gebraucht oder auch neu –, dem sei hier ein Überblick über die einzelnen Baumuster im Bild und in Form von Technischen Daten, Prüf- und Einstellwerten gegeben.

Technische Daten, Prüf- und Einstellwerte

Triebwerk

Motor	Vierzylinder-Viertakt-OHV[1)]	
Hubraum	988 cm³	
Bohrung/Hub	68/68 mm	
Verdichtung	8,3	
max. Drehmoment (SAE)[2)]		
1000 MB bis Baujahr 1966	7 kpm bei 3000 U/min	
1000 MB ab 1967 und S 100	7,5 kpm bei 3000 U/min	
Höchstleistung (SAE/TGL)		
1000 MB bis Baujahr 1966	42/37 PS bei 4650 U/min	
1000 MB ab 1967 und S 100	48/43 PS bei 4750/4450 U/min	
Steuerzeiten (bei 0,45 mm Kontrollspiel)	1000 MB bis 1966	1000 MB ab 1967 und S 100
Einlaßventil öffnet	11° vor OT	14° 30′ vor OT
schließt	42° nach UT	45° 30′ nach UT
Auslaßventil öffnet	40° vor UT	40° vor UT
schließt	13° nach OT	13° nach OT
Betriebsventilspiel (bei kaltem Motor und für beide Typen)	Einlaß 0,15 mm Auslaß 0,20 mm	
Ventilabmessungen		
Ventilsitzbreite	1,2 bis 1,5 mm	
Ventilsitzwinkel	45°	
Ventilschaftdurchmesser	7,5 mm	

Ventilfedern		
äußere – freie Länge	45,85 mm	
Drahtdurchmesser	3,75 mm	
Kraft bei 30 mm Länge	30,5 bis 36,5 kp	
innere – freie Länge	43,60 mm	
Drahtdurchmesser	2,50 mm	
Kraft bei 30 mm Länge	11,0 bis 13,0 kp	

Kolben		
Nenndurchmesser	Toleranzklasse	Ausmaß
∅ 68 (normal)	A	67,94
	B	67,95
	C	67,96
∅ 68,25 (1. Nachschliff)	A	68,19
	B	68,20
	C	68,21
∅ 68,50 (2. Nachschliff)	A	68,44
	B	68,45
	C	68,46
Einbauspiel	0,6 mm	

Kolbenbolzen	
1000 MB	∅ 18 mm
S 100	∅ 20 mm
Kolbenringe	
Nutenspiel	0,03 mm
Nutenstoß	0,25 bis 0,4 mm
Kurbelwelle	
Hauptlager	∅ 55 mm
Pleuellager	∅ 45 mm
Lagerschalen (Dicke sowie Zuordnung zu den Haupt- und Pleuellagerzapfen	
Standard	1,495 mm
1. Nachschliff	1,620 mm
2. Nachschliff	1,745 mm
3. Nachschliff	1,870 mm
4. Nachschliff	1,995 mm
Trockenmasse	83 bis 84 kg
Schmierung	Druckumlauf mit Zahnradpumpe

Öldruck	mind. 1,5 kp/cm^2 bei 2000 U/min 3 bis 3,5 kp/cm^2 bei 3200 U/min	
Ölverbrauch	max. 0,1 l/100 km	
Vergaser		
1000 MB	Jikov 32 BST 3058, ab 1966 32 BST 3120 mit automatischer Starteinrichtung	
S 100	Jikov 32 BST 3120 mit automatischer, ab 1971 32 BST 3170 mit mechanischer Starteinrichtung	
Einstellwerte	mechanisch	automatisch
Lufttrichter	∅ 23 mm	∅ 23 mm
Hauptdüse	120	120
Hauptluftdüse	200	200
Leerlaufdüse	50	50
Leerlaufluftdüse	150	150
Anreicherungsdüse	42	42
Düse Beschleunigerpumpe	50	50
Abzweigdüse der Pumpe	42	42
Startkraftstoffdüse	95	80
Startluftdüse	∅ 4,5 mm	∅ 6 mm
Nadelventil	∅ 1,5 mm	∅ 1,5 mm
Unterdruckanschluß	125 ± 5	
Kraftstoffpumpe	Jikov HF 51-6517 OORS	
Zündanlage	1000 MB bis 1966	1000 MB ab 1967 und S 100
Zündzeitpunkt	8° vor OT	5° vor OT
Fliehkraftregelung	15°	13°
Unterdruckregelung	7°	5°
Schließwinkel	60°	55°
Unterbrecherabstand	0,4 bis 0,5 mm	
Kondensator	0,27 Mikrofarad	
Zündfolge	1 – 3 – 4 – 2	
Zündkerzen	PAL Super 14-7, Isolator M 14-225, PM 14-225	
Kühlung	Wasserkühlung mit Pumpe	
Betriebstemperatur	80 bis 95 °C	

Abb. 1 Skoda 1000 MB, Baujahr 1964/66, kenntlich an den herausgestellten hinteren Kotflügeln und der seitlich herumgezogenen Heckscheibe

Thermostat		
öffnet	bei 82 °C	
voll geöffnet	bei 90 °C	
Ventil im Kühlerverschluß		
Überdruck	0,4 ± 0,1 kp/cm^2	
Unterdruck	0,1 ± 0,05 kp/cm^2	
Keilriemen	Lüfter	Wasserpumpe Lichtmaschine
1000 MB (nur 1966)	13 × 1030	13 × 880
1000 MB bis 1968	13 × 1000	13 × 880
1000 MB ab 1969 und S 100	9,5 × 1050	9,5 × 925

Kraftübertragung

Kupplung	Einscheiben-Trockenkupplung, hydraulisch betätigt
Stößelspiel	
Hauptzylinder	1,5 bis 2 mm
Arbeitszylinder	5 mm
Getriebe	Vierganggetriebe voll synchronisiert
Übersetzungen	
1. Gang	3,8
2. Gang	2,12

Abb. 2 Skoda 1000 MB, Baujahr 1967/68, Karosserie und Heckscheibe gleichen dem Vorgänger, verändert wurden nur die Lufteinlässe

3. Gang	1,41
4. Gang	0,96
R.-Gang	3,27

Fahrwerk

Hinterachse	Pendelachse mit Einzelradfederung
Ausgleichgetriebe	Kegelräder, spiralverzahnt
Übersetzung des Antriebs	4,444
Spur	0 bis −2 mm
Vorderachse	Trapez-Querlenker, Einzelradfederung, Stabilisator
Vorspur	
unbelastet	4 bis 6 mm
belastet	1 bis 3 mm
Sturz	
unbelastet	1°
belastet	1° 30′
Toleranz	± 15′
Spreizung	7° 30′
Nachlauf	6° 30′
Lenkung	Schraubengetriebe, dreiteilige Spurstange
Wendekreis	10,7 m

Abb. 3 Skoda 1000 MB, Baujahr 1969, Dachform und Heckscheibe wurden kantiger gestaltet

Federung	Schraubenfedern
Drahtdurchmesser vorn	12 mm
freie Länge	292 mm
Drahtdurchmesser hinten	13 mm
freie Länge	303 mm
Stoßdämpfer vorn	Typ T 26 × 110
max. Hub	110 mm
Dämpfung bei Druck	30 ± 5 kp
Dämpfung bei Zug	85 ± 10 kp
Füllmenge	100 cm^3
Stoßdämpfer hinten	Typ 2 T 26 × 175
max. Hub	175 mm
Dämpfung bei Druck	45 ± 4,5 kp
Dämpfung bei Zug	90 ± 9 kp
Füllmenge	160 cm^3
Bremsen – S 100	hydraulische Zweikreisbremse
Betriebsbremse vorn	Festsattel-Scheibenbremse
Dicke der Bremsscheiben	8 mm, mind. 7,4 mm
Seitenschlag	max. 0,15 mm
Abnutzung der Bremsklötze	mind. 1,5 mm Dicke
Betriebsbremse hinten	Trommelbackenbremse
Radbremszylinder	∅ 19 mm
Abnutzung der Bremsbeläge	mind. 2 mm Dicke

Abb. 4 Skoda S 100, Baujahr 1972, Heck und Bug wurden neu gestaltet, das Karosseriegerippe entspricht dem 1000 MB. Besondere Merkmale des Baujahres 1972 sind die Entlüftungen in den Dachträgern und der Tankverschluß mit Klappe

Handbremse	mechanisch auf die Hinterräder wirkend
Bremsflüssigkeit	SAE 70 R 3
Bremsen – 1000 MB	hydraulische Einkreisbremse
Betriebsbremse vorn und hinten	Trommelbackenbremse
Radbremszylinder	∅ 22 mm
Abnutzung der Bremsbeläge	mind. 2 mm Dicke
Handbremse	mechanisch auf die Hinterräder wirkend
Bremsflüssigkeit	SAE 70 R 3

Räder

Felgen	$4^1/_2$ J × 14
Reifen	6.00-14, 155-14, 155 SR 14
Luftüberdruck	
vorn	1,3 kp/cm^2
hinten	1,5 kp/cm^2

Elektrische Anlage

Art	12 V, minus an Masse
Batterie	12 V/35 Ah

Ladezustand	
voll geladen	Säuredichte 1,28 g/cm^3
halb geladen	Säuredichte 1,23 g/cm^3
entladen	Säuredichte 1,14 g/cm^3
Ladestrom	
bei Inbetriebsetzung	2,1 A, 50 Stunden
beim Nachladen	3,5 A
Anlasser	PAL 09-9142.07., 0,8 PS (0,58 kW)
Lichtmaschine	PAL Magneton 02-9044.14,
Art	Gleichstrom-Nebenschluß
Nennleistung	300 W
Arbeitsdrehzahl	2200 bis 7500 U/min
Regler	PAL Magneton 02-9407.02
Schaltspannung	12,5 V
Strombegrenzung	22 A
Rückstrom	max. 5 A
Betriebsspannung	14 V

Abmessungen und Massen

Spurweite vorn/hinten	1 280/1 250 mm
Radstand	2 400 mm
Bodenfreiheit	175 mm
größte Länge	4 170 mm
größte Breite	1 620 mm
Höhe (belastet)	1 390 mm

	S 100	1000 MB
Eigenmasse (trocken)	775 kg	725 kg
Eigenmasse (fahrfertig)	805 kg	755 kg
zulässige Gesamtmasse	1180 kg	1130 kg
Nutzmasse	375 kg	375 kg

Füllmengen

Motor	max. 4 l, mind. 2,5 l
Getriebe- und Achsantrieb	2,5 l
Kühlsystem	6,2 l
Lenkgetriebe	0,25 l
Brems- und Kupplungssystem	S 100 0,50 l, 1000 MB 0,35 l
Kraftstoffbehälter	32 l

Fahrzeughandhabung

Wenn auch bei jedem Personenkraftwagen die wichtigsten Bedienungselemente immer an der gleichen Stelle zu finden sind, damit jeder, der überhaupt Auto fahren kann, mit jedem Wagentyp zurechtkommt, so gibt es doch zwischen den einzelnen Typen, Bauarten und Größen beträchtliche Unterschiede. Ein Wagen mit Heckmotor fährt sich eben anders als ein frontgetriebenes Fahrzeug, und ein hochtouriger Sportwagen verlangt eine andere Behandlung als eine in relativ niedrigen Drehzahlen arbeitende, robuste Gebrauchsmaschine. Jeder Wagen erfordert auf Grund seiner Bauart eine ganz bestimmte Bedienung, wenn man an ihm Freude haben will. Behandelt man ihn falsch bzw. erwartet von ihm ein Verhalten, das er nicht bieten kann, so quittiert er das früher oder später mit einer unbefriedigenden Lebensdauer oder mit unangemessen hohen Reparaturkosten.

Fahrtheorie

Unsere beiden Skoda-Typen, allgemein beliebt und darum in den Auslieferungslagern des VEB IFA-Vertrieb von vielen Interessenten sehnlichst erwartet, verlangen genauso wie andere Kraftfahrzeugtypen vor den ersten Fahrten ein klein wenig Überlegung dahingehend, w i e man dieselben zweckmäßigerweise – eben, damit sie recht lange ihre Pflicht erfüllen – behandelt. Und hierbei muß man ganz einfach von den Möglichkeiten ausgehen, die uns ihre Trieb- und Fahrwerke bieten können. Die sich daraus ergebenden Überlegungen lassen sich etwa so zusammenfassen, wie das nachfolgend geschehen ist.

Drehmoment

In den technischen Daten eines jeden Kraftfahrzeuges wird der Motor durch die beiden Begriffe „Drehmoment" und „Leistung" charakterisiert. Die für die Zugkraft entscheidende Größe ist das Drehmoment. Es hat aber nichts mit dem Zeitbegriff „Moment" im Sinne eines Augenblicks zu tun, sondern ist eine aus einer Kraft und einem Hebelarm zusammengesetzte Größe. Die Antriebskraft liefert im Motor das sich bei der Verbrennung im Zylinder ausdehnende Kraftstoff-Luft-Gemisch. Die Verbrennungsgase bewegen den Kolben, und mit Hilfe des Kurbeltriebes wird die geradlinige Bewegung – des Kolbens – in die gewünschte Drehbewegung – der Kurbelwelle – umgewandelt. An der Kurbelwelle kann man aber die Kraftwirkung nur in einer bestimmten Entfernung vom Mittelpunkt der Kurbelwelle feststellen und ausnutzen. Diese Entfernung oder der Radius der Kraftwirkung ist der Hebelarm, der in dem Begriff „Drehmoment" mit enthalten ist.

Auch bei Ihrem Hausschlüssel spielt das Drehmoment eine wichtige Rolle, denn die beim Drehen des Schlüssels von Daumen und Zeigefinger ausgeübte Kraft wirkt am Griff des Schlüssels in einer bestimmten Entferung vom Mittelpunkt der Schlüsselachse. Bricht der Griff ab, so reicht die Handkraft kaum aus, um durch Drehen an der Schlüsselachse das Schloß zu öffnen. Das resultierende Drehmoment ist nämlich in diesem Fall viel kleiner, weil die Handkraft in einer geringeren Entfernung vom Mittelpunkt der Achse wirkt.

Leistung

Die Leistung des Motors ergibt sich aus dem Drehmoment und aus der Zeit, in der das Drehmoment wirkt. Sie kann aus der Drehzahl und dem dazugehörigen Drehmoment berechnet werden, denn die Zeit ist in der Drehzahl (Umdrehungen pro Minute) enthalten:

$$\text{Leistung (PS)} = \frac{\text{Drehmoment (kpm)} \cdot \text{Drehzahl (U/min)}}{716{,}2}$$

Bei der Ermittlung des Drehmomentes und der Leistung gibt es jedoch unterschiedliche Meßverfahren. In der DDR wird die Leistung des kompletten einbaufertigen Motors geprüft. In Amerika dagegen wird entsprechend den SAE-Normen (Society of Automotive Engineers) nur die reine Motorleistung ermittelt. Die Nebenaggregate (Wasserpumpe, Ventilator, Lichtmaschine) werden dabei nicht vom Motor, sondern – wenn nötig – gesondert angetrieben, und der serienmäßige Luftfilter sowie die Auspuffanlage sind während der Messung nicht am Motor angeschlossen. Deshalb ist bei gleichem Motor die nach SAE ermittelte PS-Zahl größer als die PS-Angabe nach TGL. Bei den Werksangaben von Skoda handelt es sich um SAE-PS (Abb. 5). Nach dem in der

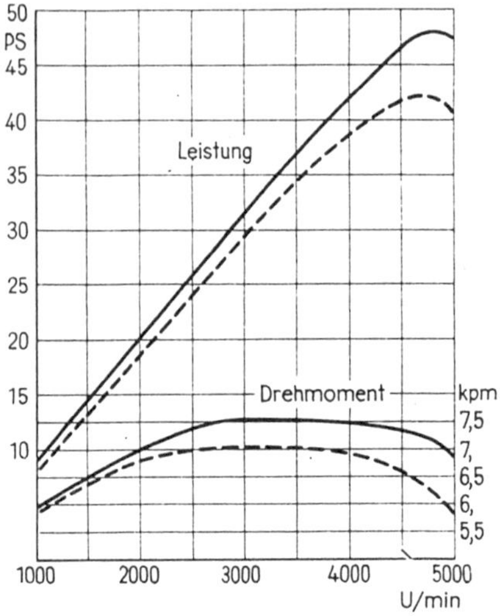

Abb. 5
Leistung und Drehmoment der Skoda-Motoren. Die gestrichelten Kurven gelten für den schwächeren Motor, mit dem die Wagen der Baujahre 1964 und 1965 ausgerüstet waren

DDR festgelegten Prüfverfahren (TGL) leisten die beiden Motoren 37 und 43 PS. Mit dem schwächeren Motor (37 TGL-PS bzw. 42 SAE-PS) waren die Wagen der Baujahre 1964 und 1965 ausgerüstet.
Wie Abbildung 5 zeigt, steigt das Drehmoment (untere Kennlinie) zunächst allmählich an, erreicht bei 3000 U/min seinen Maximalwert, und fällt bei zunehmender Drehzahl und Leistung wieder langsam ab. Diese sehr flach verlaufende Drehmomentkurve ohne ausgeprägte Spitze läßt die beträchtliche Elastizität dieses Motors erkennen. Schon bei etwa 1800 U/min entwickelt er ein Drehmoment, das nur 10 % unterhalb des bei 3000 U/min erreichten Maximalwertes liegt. Der Motor verträgt es dadurch ohne weiteres, wenn man im 4. Gang mit der Geschwindigkeit bis auf etwa 45 km/h heruntergeht und aus dieser Drehzahl auch wieder sanft beschleunigt. Er ist in diesen niedrigen Drehzahlen auch außerordentlich sparsam, weil nur etwa die Hälfte seiner Höchstleistung in Anspruch genommen wird. Die Leistungskurven in Abbildung 5 zeigen, daß bei 2000 U/min nur rund 20 PS vorhanden sind. Für Fahrten in der Ebene reicht das völlig. Es wäre Verschwendung, zum Beispiel 50 km/h im 3. Gang zu fahren, wobei der Motor fast 1000 U/min schneller dreht und beinahe 30 PS abgibt.

Günstigster Drehzahlbereich

In der Ebene, bei weitgehend gleichbleibender Geschwindigkeit, arbeitet der Skoda-Motor wie die meisten Viertaktmotoren am sparsamsten, wenn er mit niedrigen Drehzahlen gefahren wird, die zwischen 1800 und 3000 U/min, also unterhalb des maximalen Drehmomentes, liegen. Im 1. und 2. Gang kann man mit den Drehzahlen sogar noch weiter heruntergehen. Unter diesen Bedingungen ist es vorteilhaft, den 1. Gang höchstens bis 20 km/h, den 2. Gang bis 30 km/h und den 3. Gang bis 60 km/h auszufahren. Das Gangdiagramm (Abb. 6) zeigt die Drehzahlen des Motors in Abhängigkeit von der Geschwindigkeit in den einzelnen Gängen.
Im besonders sparsamen Drehzahlbereich unterhalb 3000 U/min steht aber, wie

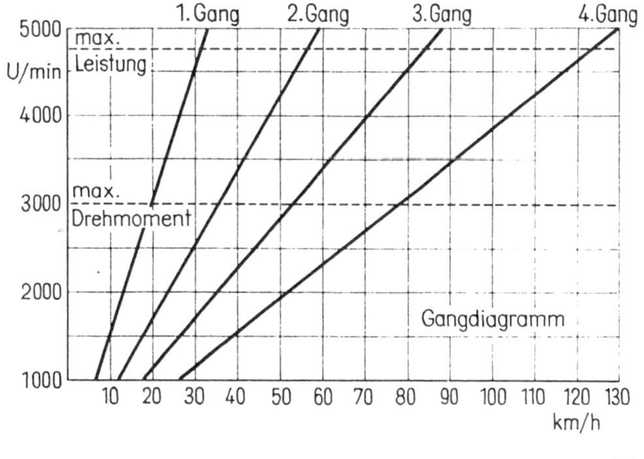

Abb. 6
Das Gangdiagramm gilt für sämtliche Typen der Skoda 1000 MB und S 100

schon erwähnt, nur etwa die halbe Motorleistung zur Verfügung. In der Ebene reicht sie aus, nicht aber bei steilen Steigungen. Hier ist es ratsam, im Bereich des maximalen Drehmomentes zu fahren, also im 2. Gang mindestens 30 km/h, im 3. Gang 50 km/h und im 4. Gang nicht unter 70 km/h. Bei niedrigeren Drehzahlen wird der Motor auf Grund der größeren Fahrwiderstände während der Steigung überlastet und kann Schaden erleiden.
Auch beim schnellen Beschleunigen, zum Beispiel beim Überholen, wäre es leichtsinnig, nur etwa die halbe Motorleistung einzusetzen. Damit beschleunigt der Wagen wesentlich langsamer und träger als mit entsprechend höheren Drehzahlen. Durch Zurückschalten auf den 3. Gang, der dann bis etwa 80 km/h ausgefahren werden kann, wird beim Überholen nicht nur Zeit gewonnen, sondern auch die Sicherheit erhöht, denn die Überholstrecke wird kürzer.
Auch hier hat wieder das Drehmoment als die treibende Kraft seine Hand im Spiel. Das Getriebe paßt nämlich nicht nur den nutzbaren Drehzahlbereich des Motors den verschiedenen Geschwindigkeiten an, es wandelt auch das Drehmoment entsprechend dem Übersetzungsverhältnis. Während im 4. Gang (Übersetzung 0,96) das Drehmoment am Getriebeausgang noch ein wenig geringer ist als an der Kurbelwelle, steigt es im 3. Gang (Übersetzung 1,41) auf den 1,41fachen Betrag. Im 2. Gang (Übersetzung 2,12) ist es mehr als doppelt so groß, und im 1. Gang (Übersetzung 3,8) steht am Getriebeausgang fast das vierfache Drehmoment zur Verfügung. Deshalb kann man mit den unteren Gängen die steilsten (auf den Straßen vorkommenden) Steigungen überwinden, die im 4. Gang niemals zu schaffen wären.
Dieser Vergleich zeigt aber auch, daß das Getriebe nur die vorhandene Motorleistung anpassen, nicht aber erhöhen kann. Entweder kann in der Ebene schnell gefahren (hohe Geschwindigkeit, kleines Drehmoment) oder bei entsprechend langsamer Fahrt die größtmögliche Antriebskraft (niedrige Geschwindigkeit, hohes Drehmoment) eingesetzt werden. Rechnet man nach der Formel im Abschnitt „Leistung" in beiden Fällen aus der Drehzahl und dem Drehmoment (am Getriebeausgang) die Leistung aus, so kommt niemals mehr als die Höchstleistung des Motors (in TGL-PS) heraus. Praktisch wird diese Höchstleistung nicht erreicht, denn die Reibungsverluste im Getriebe verbrauchen auch einen Teil davon.

Drehzahlen und Kraftstoffverbrauch

Die Drehzahlen oberhalb 3000 U/min, also im 4. Gang Geschwindigkeiten über 80 km/h, kosten Kraftstoff. Hier steigt der durchschnittliche Verbrauch auf Grund des stark zunehmenden Luftwiderstandes erheblich an. Die nachstehende kleine Tabelle zeigt den durchschnittlichen Verbrauch bei annähernd gleichbleibender Geschwindigkeit in der Ebene.

Geschwindigkeit (km/h)	50	60	70	80	90	100	110	120
Kraftstoffverbrauch (l/100 km)	6,5	6,75	7,0	7,25	7,75	8,5	9,75	12,0

Während der Verbrauch unterhalb 80 km/h nur um 0,25 l je 10 km/h gleichmäßig zunimmt, erhöht er sich bei 90 km/h um 0,5 l, bei 100 km/h um weitere 0,75 l usw. Bei Geschwindigkeiten über 100 km/h beträgt der Verbrauchsanstieg sogar 1,25 l und 2,25 l je 10 km/h Geschwindigkeitszunahme. Da bei diesen hohen Drehzahlen über 4000 U/min auch die mechanische Belastung der Kurbelwellen- und Pleuellager und die thermische Belastung vor allem der Auslaßventile recht groß werden, bezahlt man die hohen Geschwindigkeiten auch mit einem größeren Verschleiß.

Drehzahlen und Verschleiß

Noch schädlicher sind aber zu niedrige Drehzahlen, wenn dabei der Motor stark belastet wird. Während bei weitgehend gleichbleibender Geschwindigkeit in der Ebene auch noch 40 km/h im 4. Gang gefahren werden können, sollte bei erhöhter Belastung, vor dem Beschleunigen oder vor einer Steigung, auf den 3. Gang zurückgeschaltet werden. Wird das vergessen, so reagiert der Motor (auch der mit richtig eingestellter Zündung) darauf mit mehr oder weniger starkem Klingeln. Das Klingeln hängt zwar von der Klopffestigkeit (Oktanzahl) des gefahrenen Kraftstoffes ab, tritt es aber auf, so verkündet es in j e d e m Falle eine erhöhte und auf die Dauer auch schädliche Belastung. Die Lager des Kurbeltriebes und die Kolben werden dabei überbeansprucht, die Motorleistung sinkt, und es treten Überhitzungen auf, die ernste Schäden zur Folge haben können. Zu niedrige Drehzahlen, bei denen der Motor zum Klingeln neigt, sollten deshalb vermieden werden. Welche Drehzahl zu niedrig ist, hängt von der Belastung ab. Beim scharfen Beschleunigen oder an steiler Steigung kann zum Beispiel der mit 2000 U/min arbeitende Motor erheblich überlastet werden. In der Ebene läuft er mit der gleichen Drehzahl tadellos rund und gleichmäßig und auch außerordentlich sparsam.

Gedächtnisstützen

Erfahrene Kraftfahrer spüren es beim Gasgeben und hören es auch am Motorlauf, ob sich der Motor „wohl fühlt" oder ob sie zurückschalten müssen, um Überlastungen zu vermeiden. Auf das Gefühl kann man sich aber nicht immer verlassen. Es läßt einen zum Beispiel eine Geschwindigkeit von 70 km/h als verhältnismäßig langsam empfinden, wenn vorher auf der Autobahn vielleicht stundenlang etwa 100 km/h gefahren wurden. Es ist deshalb besser, das Verhalten des Motors nicht nur zu „erfühlen", sondern genau Bescheid zu wissen. So ist es vorteilhaft, die Geschwindigkeit zu kennen, bei denen in den einzelnen Gängen das maximale Drehmoment vorhanden ist. Bringt man auf der Glasscheibe des Tachometers Markierungen (zum Beispiel aufgeklebte Plastikstreifen, Dreiecke oder Farbstriche) bei den Geschwindigkeiten 20, 35, 55 und 75 km/h an, so weiß man mit einem Blick, in welchem Drehzahlbereich der Motor läuft. Als vorteilhaft hat sich auch der im Handel erhältliche Drehzahl-Anzeiger (farbiges Abziehbild) erwiesen. Hier sind der sparsamste Bereich sowie das höchste Drehmoment optisch gut erkennbar (Abb. 7).

Bei kilometerlangen Bergauffahrten, bei denen auf Grund der Steigung nur im 3. Gang gefahren werden kann, ist es vorteilhaft, im Bereich des maximalen Drehmoments (55 km/h) zu fahren. Der Motor wird dabei nicht so heiß wie bei niedrigen oder höheren Drehzahlen, weil er bei dieser Drehzahl mit der größtmöglichen Zugkraft arbeitet. Wird diese nicht im vollen Umfang benötigt – und das ist meist der Fall –, so ist bei dieser Geschwindigkeit die Kraftreserve am größten und damit die Belastung am geringsten.

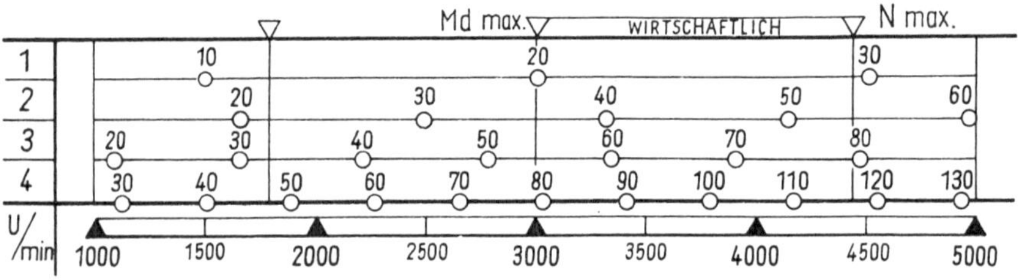

Abb. 7 Der Drehzahlanzeiger wird im Blickfeld des Fahrers innen an die Windschutzscheibe geklebt; Md = höchstes Drehmoment, N = höchste Leistung

Kommt es darauf an, so schnell wie möglich zu beschleunigen, so muß der 2. Gang mindestens bis 50 km/h ausgefahren werden, damit der 3. Gang mit annähernd maximalem Drehmoment einsetzt. Im 3. Gang beschleunigt man dann bis 75 km/h, um Anschluß an das maximale Drehmoment im 4. Gang zu haben. Auf diese Weise kommt man am schnellsten vorwärts. Die Markierungen am Tachometer bzw. das Abziehbild sind zwar gegenüber einem Drehzahlmesser nur ein Ersatz, sie ermöglichen es aber, die Motorleistung optimal auszunutzen und Überlastungen zu vermeiden.

Geschwindigkeitsanzeige

Bei diesen Betrachtungen wurde vorausgesetzt, daß das Tachometer genau „geht". Einzelne Tachometer zeigen vor allem bei höheren Geschwindigkeiten mehr an, als tatsächlich gefahren wird. Ein bei 100 km/h voreilendes Tachometer muß aber nicht bei sämtlichen Geschwindigkeiten genau so falsch anzeigen. Es kann zum Beispiel bei niedrigen Geschwindigkeiten zu wenig, bei mittleren genau und bei hohen zu viel anzeigen. Es gibt hier die verschiedensten Möglichkeiten. Geringe Abweichungen von 2 bis 3 km/h sind unbedeutend. Sind jedoch größere Differenzen vorhanden, so müßten sie bei einer Markierung des maximalen Drehmomentes berücksichtigt werden. Dazu müssen durch Messungen mit einer Stoppuhr die bei entsprechender Tachometeranzeige gefahrenen tatsächlichen Geschwindigkeiten festgestellt werden. Die nachfolgende Tabelle enthält die Zeit, die bei der dazugehörenden Geschwindigkeit für einen Kilometer Wegstrecke benötigt wird. Die Autobahn mit ihren Kilometermarkierungen eignet sich gut als Meßstrecke.

km/h	30	35	40	45	50	55	60	65	70	75
s	120	103	90	80	72	65	60	55	51	48
km/h	80	85	90	95	100	105	110	115	120	125
s	45	42	40	38	36	34,4	32,7	31,3	30	28,8

Wenig Gas genügt

Wer möglichst sparsam fahren will, muß den Gashebel wie ein rohes Ei behandeln, denn jedes schnelle Durchtreten kostet zusätzlichen Kraftstoff, den die Beschleunigerpumpe einspritzt. Beim langsamen, allmählichen Gasgeben beschleunigt der Wagen nur wenig langsamer, dabei arbeitet die Beschleunigerpumpe aber nicht, und der Motor kommt mit dem vom Leerlauf- und Hauptdüsensystem gelieferten Kraftstoff aus. Das gilt nicht nur beim Anfahren, sondern auch bei Geschwindigkeitswechsel während der Fahrt. Je ruhiger der Gashebel bewegt wird, um so sparsamer arbeitet der Motor. Jede heftige Reaktion, Gaswegnehmen und plötzlich wieder Gasgeben, kostet Kraftstoff.
Etwa bis zur halben Drosselklappenöffnung liefern nur das Leerlauf- und Hauptdüsensystem den Kraftstoff. Wird der Gashebel über die Hälfte seines Weges durchgetreten, so schaltet sich im Vergaser eine Zusatzdüse ein, die das Gemisch im Hochleistungsbereich mit zusätzlichem Kraftstoff anreichert. Deshalb steigt der Kraftstoffverbrauch bei höheren Geschwindigkeiten und somit höheren Drehzahlen prozentual viel stärker an als bei niedrigeren Drehzahlen.
Bei welcher Geschwindigkeit sich die Zusatzdüse einschaltet, läßt sich nicht sagen, es ist von den Fahrwiderständen (Gegen- oder Rückenwind, Steigung, Ebene oder Gefälle) abhängig. Bei stehendem Motor fühlt man das Einschalten als ganz leichten Druckpunkt, wenn man den Gashebel mit der Hand bewegt. Während der Fahrt ist dieser Druckpunkt kaum zu spüren. Hier könnte eine Kontrollampe Auskunft geben, deren Schalter an den Gashebel oder im Motorraum an das Gasgestänge angeschlossen wird, so daß er beim Einsetzen der Zusatzdüse die Lampe einschaltet. Das soll nur ein Tip für diejenigen sein, die so sparsam wie möglich fahren möchten.

Fahrpraxis

Die in dieser Arbeit eingangs zu findenden technischen Daten, Kontroll- und Einstellwerte unserer beiden Skoda-Typen sagen auch einiges über die Behandlung der Elemente der Kraftübertragung aus. Die Kupplung ist in dieser Kette das erste Glied. Von ihrer Behandlung sollte man folgendes wissen:

Kuppeln

Beim Druck auf das Kupplungspedal wird die kraftschlüssige Verbindung zwischen Motor und Getriebe getrennt. Dazu muß aber das Pedal voll durchgetreten werden, anderenfalls wundert man sich, daß beim Schalten kratzende oder krachende Geräusche auftreten. Wird die Kupplung während der Fahrt nicht gebraucht, so sollte sie nicht als Stütze für den linken Fuß dienen. In diesem Fall würde das Ausrücklager ständig mitlaufen und überlastet werden. Das Drucklager unterliegt dabei einem übermäßigen Verschleiß, und die Kupplung selbst kann auch Schaden erleiden.

Schalten

Das in allen Vorwärtsgängen synchronisierte Getriebe, mit dem die Skoda 1000 MB und S 100 ausgerüstet sind, läßt sich gut schalten, wenn man sich bei der Wahl der Gänge nach der gerade gefahrenen Geschwindigkeit richtet. Grobe Schaltfehler nimmt es auf die Dauer übel. Die Synchronkupplungen unterliegen dabei einem erhöhten Verschleiß und halten nicht lange. Zum besseren Verständnis sei deshalb erst einmal erläutert, was beim Synchronisieren im Getriebe geschieht.
Vor dem Umschalten vom 1. zum 2. Gang, zum Beispiel bei etwa 20 km/h, drehen sich die Kurbelwelle des Motors und die Getriebeantriebswelle mit 3000 U/min. Die über den Achsantrieb mit den Hinterrädern in Verbindung stehende Getriebeabtriebswelle hat dagegen nur eine Drehzahl von 790 U/min, denn die Zahnräder des 1. Ganges sind 1:3,8 übersetzt. Im 2. Gang beträgt das Übersetzungsverhältnis aber nur 1:2,12. Deshalb muß vor dem Einschalten des 2. Ganges die Drehzahl der Getriebeantriebswelle von 3000 auf 1670 U/min reduziert werden, denn die Geschwindigkeit des Wagens (20 km/h) und die Drehzahl der Abtriebswelle (790 U/min) bleiben unverändert. Diese Drehzahlreduzierung muß die Synchronkupplung übernehmen. Sie bremst mit einem Reibring das mit der Antriebswelle in Verbindung stehende Zahnrad ab, bis die Drehzahlen beider Teile, die beim Schalten miteinander verbunden werden, gleich sind. Synchronisieren heißt also nichts anderes, als einen Gleichlauf herstellen.

Auf- und Abwärts

Bei der großen Drehzahldifferenz zwischen 3000 und 1670 U/min dauert das Bremsen (das Synchronisieren) aber einige Zeit. Deshalb läßt sich gerade der 2. Gang häufig nicht sofort einschalten, sondern erst nach einer gewissen Pause. Es hat in diesem Falle keinen Zweck, das Schalten mit Gewalt zu versuchen. Der Schalthebel muß nur so lange in Richtung des 2. Ganges auf Druckpunkt gehalten werden, bis die Synchronringe den Drehzahlgleichlauf hergestellt haben und er sich leicht in die gewünschte Stellung schieben läßt.
Man kann den Synchronringen die Arbeit erleichtern, wenn man beim Schalten eine angemessene Pause einlegt, während der sich der Schalthebel in Leerlaufstellung befindet. Die Drehzahl der leer laufenden Antriebswelle sinkt während der Schaltpause schon ab, und die Synchronringe haben nur noch einen Teil der ursprünglichen Drehzahldifferenz auszugleichen. Man kann noch

einen Schritt weitergehen und die Antriebswelle mit Hilfe der Kurbelwelle abbremsen. Dabei wird ausgekuppelt, der Schalthebel auf Leerlauf genommen, wieder kurz eingekuppelt und nach erneutem Auskuppeln der 2. Gang eingeschaltet. Dieses als Zwischenkuppeln bekannte Verfahren erleichtert im Winter wesentlich das Schalten, wenn das Getriebeöl infolge der tiefen Temperaturen steif und zähflüssig ist.
Beim Abwärtsschalten vom 2. zum 1. Gang sind die Verhältnisse umgekehrt. Die Fahrgeschwindigkeit mag wieder etwa 20 km/h und die Drehzahl der Antriebswelle 790 U/min betragen. Vor dem Schalten ist das Übersetzungsverhältnis des 2. Ganges (1:2,12) wirksam, und die Getriebeantriebswelle sowie die Kurbelwelle drehen sich mit 1670 U/min. Beim Schalten muß die Synchronkupplung jetzt den Gleichlauf entsprechend dem Übersetzungsverhältnis des 1. Ganges (1:3,8) herstellen und die Antriebswelle auf die Drehzahl von 3000 U/min bringen. Beim Synchronisieren wird in diesem Falle die Welle nicht gebremst, sondern beschleunigt. Das Beschleunigen fällt den Synchronringen schwerer als das Bremsen, denn beim Bremsen hilft die Lagerreibung mit, die beim Beschleunigen als zusätzliche Gegenkraft wirkt. Deshalb lassen sich die Gänge beim Abwärtsschalten in den nächstkleineren Gang meistens schwerer bzw. erst nach längerer Schaltzeit einlegen als beim Aufwärtsschalten.
Die Schwierigkeiten werden um so größer (und die Synchronisierungszeiten länger), je größer die Drehzahldifferenz ist, die von den Synchronringen ausgeglichen werden muß. Versucht man zum Beispiel bei einer Geschwindigkeit von 50 km/h vom 4. auf den 2. Gang zu schalten, der vielleicht nach der Kurve gebraucht wird, so beträgt die Drehzahldifferenz etwa 2500 U/min, die die Synchronringe durch Beschleunigen der Antriebswelle ausgleichen müssen. Meist bekommt man unter diesen Umständen den 2. Gang überhaupt nicht hinein. Schaltet man erst unmittelbar vor der Kurve, wenn die Geschwindigkeit nur noch 20 km/h beträgt, so haben die Synchronringe nur noch eine Drehzahldifferenz von etwa 1000 U/min auszugleichen, und das schaffen sie schnell und mühelos.
Es ist also durchaus kein böser Wille, wenn einige Kraftfahrer in der Praxis nicht rechtzeitig vor der Kurve schalten, wie sie es einst in der Fahrschule gelernt haben. Sie passen ihren Fahrstil nur den getriebetechnischen Möglichkeiten an und vermeiden es, die Synchronkupplungen des Getriebes zu überlasten und vorzeitig abzunutzen.

Zwischengas

Mit Hilfe von Zwischengas kann man den Synchronringen beim Abwärtsschalten die Arbeit erleichtern. Dabei wird der Schalthebel nach dem Auskuppeln in die Leerlaufstellung gerückt, wieder eingekuppelt, Gas gegeben, ausgekuppelt und der gewünschte niedrigere Gang eingeschaltet. Das Beschleunigen der Getriebeantriebswelle übernimmt in diesem Falle zumindest teilweise die durch das Gasgeben schneller drehende Kurbelwelle. Wenn sich beim Abwärtsschalten der Gang nicht oder nur schwer einlegen läßt, zum Beispiel im Winter bei steifem Getriebeöl, dann hilft dieses Verfahren.

Überholen

Die für das Überholen ideale Situation, daß man keinen Gegenverkehr hat und sofort ohne vorherige Geschwindigkeitsverminderung an dem langsameren Fahrzeug vorbeifahren kann, ist heute nur noch auf Autobahnen anzutreffen. Auf den Fernverkehrs- und Landstraßen, auf denen der Verkehr immer dichter wird, muß infolge des Gegenverkehrs erst auf eine günstige Gelegenheit zum Überholen gewartet werden. Ist diese Gelegenheit gekommen, bleibt meist nicht viel Zeit, um vor dem vielleicht bereits in der Ferne wieder auftauchenden Gegenverkehr den Überholvorgang abzuschließen.
Viele Fahrer „erledigen" das Überholen nur mit dem Gashebel im 4. Gang, auch wenn die Anfangsgeschwindigkeit verhältnismäßig niedrig ist. Dabei beschleunigt der Wagen zunächst sehr langsam, und der Überholweg wird viel länger als nötig. Schaltet man dagegen vor Beginn des Überholens auf den 3. Gang zurück, so beschleunigt der Wagen wesentlich schneller, und der ganze Überholvorgang läuft mit erhöhter Sicherheit ab.
Die in solchen Situationen notwendige schnellstmögliche Beschleunigung ist nur zu erreichen, wenn man mit Motordrehzahlen fährt, die zwischen dem maximalen Drehmoment (3000 U/min) und der Höchstleistung (4750 U/min) liegen. Beträgt die Anfangsgeschwindigkeit vor Beginn des Überholens etwa 75 km/h und mehr, so kann man sich mit Gasgeben begnügen, denn das Zurückschalten würde keine Vorteile bringen, weil der 3. Gang nur etwa bis 85 km/h reicht.
Liegt die Anfangsgeschwindigkeit zwischen 50 und 75 km/h, so ermöglicht der 3. Gang die beste Beschleunigung. Es hat aber keinen Zweck, den 3. Gang über 85 km/h hinaus auszufahren. Bei dieser Geschwindigkeit liegt im 3. Gang die Höchstleistung. Mit noch höheren Drehzahlen – wenn sie der Motor überhaupt annimmt – ist keine nennenswerte Beschleunigung mehr zu erreichen. Ab 80 km/h sollte der 4. Gang eingeschaltet werden. Er setzt hier mit maximalem Drehmoment, also mit der größten Antriebskraft, ein.
Ist die Anfangsgeschwindigkeit wesentlich niedriger als 50 km/h, so ist es vorteilhaft, in den 2. Gang zurückzuschalten, damit bis etwa 55 km/h zu beschleunigen, um den Anschluß an das maximale Drehmoment des 3. Ganges zu haben. In diesen Situationen sind die erwähnten Markierungen der maximalen Drehmomente eine gute Hilfe. Man sieht mit einem Blick, welcher Gang der günstigste ist und fährt ihn bis zur Markierung des nächstgrößeren Ganges aus, der dann gerade mit maximalem Drehmoment einsetzt.
Manchem Fahrer mag es unangenehm sein, während des Überholens auf gleicher Höhe neben einem Lastzug schalten zu müssen. Man kommt damit aber am schnellsten und auch am sichersten vorwärts, denn das Schalten kostet nur einige Zehntelsekunden, während bei der langsameren Beschleunigung in Drehzahlen unterhalb des maximalen Drehmomentes mehrere ganze Sekunden verloren werden, die den gesamten Überholvorgang in gefährlichem Maße verlängern.
Daß vor Kurven, Bergkuppen und anderen unübersichtlichen Stellen nicht überholt werden darf, ist selbstverständlich. Man sollte aber auch beim Überholen „undurchsichtiger" Fahrzeuge vorsichtig sein. Ein vorausfahrender

Lastzug könnte gerade die Absicht haben, einen Radfahrer zu überholen oder einem Hindernis auszuweichen. Es ist deshalb ratsam, zunächst scharf rechts zu fahren und dabei rechts an dem Lkw vorbeizusehen, ob die Fahrbahn vor diesem auch frei ist. Dann erst wird überholt. Während des Überholens sollte das linke Vorderrad des zu überholenden Wagens beobachtet werden. Wird er plötzlich nach links gelenkt, so ist die veränderte Stellung des Rades einige Sekundenbruchteile früher zu bemerken als das Schwenken des ganzen Wagens. Durch rechtzeitiges Bremsen bzw. Ausweichen kann der Unfall dann meist noch vermieden werden.

Bremsen

Während auf trockenen Straßen Bremsverzögerungen um 7 m/s^2 ohne weiteres möglich sind, haften die Reifen auf nassen, schmierigen oder gar vereisten Fahrbahnen weniger gut. Die Bremswege (Abb. 8) werden dann erheblich länger. Diesen Bedingungen muß bei der Wahl der Fahrgeschwindigkeit Rechnung getragen werden. Vor allem ist ein größerer Sicherheitsabstand zum vorausfahrenden Wagen erforderlich. Da der Viertaktmotor bei weggenommenem Gas eine gute Bremswirkung besitzt, kann man das Abbremsen in vielen Fällen dem Motor überlassen und mit der Bremsanlage nur nachhelfen. Unter schwierigen Bedingungen – schmierige oder vereiste Fahrbahn – ist es vorteilhaft, beim Bremsen nicht auszukuppeln (außer beim Anhalten). Dadurch wird zwar über die Radbremsen auch der Motor mit abgebremst, die Bremswirkung setzt aber nicht so scharf ein, und die Räder blockieren nicht so schnell.

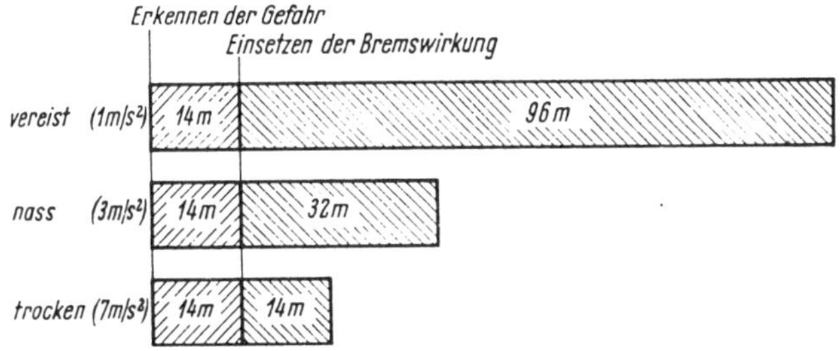

Abb. 8
Bremswege bei 50 km/h in Abhängigkeit vom Fahrbahnzustand

Intervallmethode

Blockierte, also auf der Fahrbahn rutschende Räder, verlängern den Weg bis zum Stillstand des Wagens. Mit gebremsten, aber gerade noch rollenden Rädern wird der kürzeste Bremsweg erreicht. Allerdings ist es auf vereisten oder schmierigen Straßen schwierig, die Bremswirkung durch entsprechenden Druck auf das Pedal so zu dosieren, daß die Räder so stark wie möglich abgebremst, aber gerade noch nicht blockiert werden. Dabei hat sich folgende Bremstechnik

bewährt: Das Bremspedal wird in schneller Folge niedergetreten und sofort wieder losgelassen, damit sich die Räder nach jedem Bremsimpuls wieder frei drehen. Dadurch wird bei jeder dieser kurzen Bremsungen die unter diesen Bedingungen höchstmögliche Bremswirkung erreicht, die kurz vor dem Blockieren der Räder liegt. Selbst wenn die Räder dabei kurz blockiert werden sollten, rutscht der Wagen nicht unkontrolliert über die Straße. Auf diese Weise ergeben sich viel kürzere Bremswege als beim Dauerbremsen, wobei die kurz vor dem Blockieren liegende höchstmögliche Bremsverzögerung entweder überhaupt nicht (bei zu geringem Pedaldruck) oder nur einmal (bei zu großem Pedaldruck) erreicht wird. Außerdem bleibt der Wagen besser in der gewünschten Spur und rutscht nicht seitlich weg. Bei über längere Strecken blockierten Rädern ist das meist der Fall, weil ein rutschender Reifen kaum noch Seitenführungskraft aufbringen kann. Schon geringe seitliche Krafteinwirkungen, eine gewölbte Fahrbahn, Seitenwind und Fahrbahnunebenheiten, können dann die Fahrtrichtung beeinflussen.
Schmierige Fahrbahnen sind nicht nur im Herbst und Winter anzutreffen. Auch im Sommer spült ein feiner Regen oder ein Sprengwagen den Straßenstaub nicht von der Fahrbahn herunter, sondern weicht ihn nur ein und erzeugt die gefürchtete Rutschbahn. Auf manchem nassen, aber sauberen Kopfsteinpflaster, dessen Oberfläche sehr glatt gefahren ist, haften die Reifen nicht viel besser als auf feuchtem und staubigem Asphalt. Im Zweifelsfall ist deshalb immer ein größerer Sicherheitsabstand zum vorausfahrenden Fahrzeug angebracht.

Motor- und Handbremse

Bei entsprechender Fahrweise und geschickter Ausnutzung der Bremswirkung des Motors kann man beinahe ganz ohne Bremse auskommen. In dieser Fahrweise liegt aber auch eine große Gefahr. Wenn die Bremse niemals voll genutzt wird, weiß man nicht, wieviel man ihr in kritischen Situationen zumuten kann und wie sich der Wagen dabei verhält. Auch Fehler an der Bremsanlage, die zum Beispiel eine ungleichmäßige Bremswirkung verursachen und den Wagen beim Bremsen nach einer Seite ziehen lassen, werden beim sanften Bremsen meist nicht bemerkt. Wenn schließlich doch einmal scharf gebremst werden muß und der Wagen auf Grund eines Bremsenfehlers schleudert, so endet das häufig mit einem Unfall. Setzen Sie deshalb lieber nicht allen Ehrgeiz darein ohne Bremse auszukommen, sondern benutzen Sie die Bremse regelmäßig, und bremsen Sie ab und zu auch einmal scharf, um das Verhalten des Wagens dabei genau kennenzulernen und eventuelle Fehler rechtzeitig zu bemerken. Diese Bremsproben werden natürlich nicht im dichten Stadtverkehr gemacht, um nicht einen Auffahrunfall zu provozieren.
Auch die Handbremse sollte gelegentlich einmal während der Fahrt ausprobiert werden, um zu wissen, welche Bremswirkung von ihr im Notfall erwartet werden kann. Sie bremst nur die Hinterräder. Die damit erreichbare Verzögerung ist wesentlich geringer als die der auf alle vier Räder wirkenden Fußbremse.

Bremsverzögerung

Entsprechend § 47 der Straßenverkehrs-Zulassungs-Ordnung (StVZO) muß die Fußbremse mindestens eine mittlere Bremsverzögerung von 5 m/s^2 ermöglichen. Für die Handbremse sind 2 m/s^2 vorgeschrieben. Bei 30 km/h Geschwindigkeit vor dem Bremsen darf der Bremsweg 6,9 m für die Fußbremse und 17,3 m für die Handbremse betragen. Bei einer Geschwindigkeit von 50 km/h ergeben sich die Bremswege 19,2 m (Fußbremse) und 48 m (Handbremse).
Für die Berechnung der Bremsverzögerung und des Bremsweges gelten die Beziehungen:

$$b = \frac{V^2}{26 \cdot s} \qquad s = \frac{V^2}{26 \cdot b}$$

V = Geschwindigkeit in km/h
b = Bremsverzögerung in m/s^2
s = Bremsweg in m

Soll geprüft werden, ob der Wagen die vorgeschriebene Bremsverzögerung erreicht, so fährt man mit konstanter Geschwindigkeit (zum Beispiel 30 km/h) und bremst in Höhe eines bestimmten Punktes (Baum, Stein oder ähnliches) scharf ab bis zum Stillstand. Der Bremsweg wird von diesem Punkt bis zum Wagenbug gemessen. Die Genauigkeit dieser Prüfung hängt aber davon ab, ob

Bremswege in Abhängigkeit von Geschwindigkeit und Bremsverzögerung

Straßenzustand	Bremsverzögerung (m/s^2)	Geschwindigkeit vor dem Bremsen (km/h) 10	20	30	40	50	60	70	80	90	100
		Fahrstrecke während 1 Sekunde (m)									
	0	2,8	5,6	8,3	11	14	17	19,5	22	25	28
		Gesamtstrecke bis zum Stillstand (m)									
vereist	1	6,6	21	43	73	110	155	208	268	336	413
vereist / schmierig	2	4,7	13,3	26	42	62	86	114	145	181	220
schmierig	3	4,1	10,7	20	32	46	63	82	104	133	156
naß	4	3,8	9,5	17	26	38	52	67	84	103	124
naß	5	3,6	8,7	15	23	33	45	57	71	87	105
naß	6	3,4	8,2	14	22	30	40	50	63	77	92
trocken	7	3,35	7,8	13,3	20	28	37	46	57	70	83
trocken	8	3,3	7,5	12,6	19	26	34	43	53	64	76

der Bremsvorgang genau an dem betreffenden Punkt einsetzte und ob die vorgesehene Geschwindigkeit vor Bremsbeginn auch tatsächlich gefahren wurde (Tachometer zeigen nicht immer richtig an).
Bisher war nur vom Bremsweg die Rede. In der Praxis vergeht aber vom Erkennen der Gefahr bis zum Einsetzen der Bremswirkung noch eine bestimmte Zeitspanne, die Schreck- und Reaktionszeit des Fahrers und die Bremsenansprechzeit. Erwartet der Fahrer eine Gefahr und befindet er sich schon in Bremsbereitschaft, so reagiert er darauf viel schneller, als wenn seine Aufmerksamkeit gerade beeinträchtigt war oder er von dem Ereignis völlig überrascht wurde.
Als Durchschnittswert für Reaktions- und Bremsenansprechzeit rechnet man im allgemeinen mit insgesamt einer Sekunde. Während dieser Zeit rollt der Wagen mit unverminderter Geschwindigkeit weiter, bei 50 km/h rund 14 m, die zum Bremsweg hinzukommen. Die vorstehende Tabelle enthält die Gesamtstrecken bis zum Stillstand, abhängig von der Geschwindigkeit und der Bremsverzögerung, mit denen in der Praxis zu rechnen ist. Die ungebremst während einer Sekunde zurückgelegte Strecke wurde jeweils zum Bremsweg hinzugezählt.

Rutschen und Schleudern

Manche Wagen sind ausgesprochen kurvenwillig, sie lenken schon bei geringem Radeinschlag wie von selbst in die Kurve hinein und beschreiben dabei einen viel engeren Radius, als es dem Radeinschlag entspricht. Dieses Verhalten wird als Übersteuern bezeichnet. Andere sind kurvenunwillig, sie laufen so stabil geradeaus, daß man sie mit einem größeren Lenkradeinschlag in die Kurve „zwingen" muß. Die Räder müssen dabei weiter eingeschlagen werden als es dem Kurvenradius entspricht. Diese Eigenschaft bezeichnet man als Untersteuern.
Beide Skoda-Typen verhalten sich auch nicht ganz neutral, sondern reagieren ein wenig untersteuernd und sind bestrebt, geradeaus zu „laufen". Diese bei Geradeausfahrt recht gute Eigenschaft bekommt man in der Kurve nachteilig zu spüren.

In Kurven

Ist die Geschwindigkeit zu hoch, so reagiert der Wagen nicht auf den Lenkradeinschlag, sondern rutscht geradeaus weiter – natürlich nicht bei trockenen oder sauberen nassen Straßen, sondern nur auf Glatteis oder schmieriger Oberfläche. Hier hilft nur sofortiges Gaswegnehmen und mehrmaliges kurzes, aber nicht zu scharfes Bremsen. Das Lenkrad sollte nicht weiter in Kurvenrichtung gedreht, sondern in Geradeausstellung zurückgenommen und nochmals eingeschlagen werden. Meist folgt der Wagen dann der gewünschten Richtung. Einige schwere Gegenstände im Kofferraum verbessern unter diesen Be-

dingungen das Lenkverhalten. Bei vorsichtigem Fahren und rechtzeitiger Geschwindigkeitsverminderung vor der Kurve kommt man zwar nicht in die Verlegenheit, auf diese Weise „zaubern" zu müssen, man sollte aber mit einer derartigen Überraschung rechnen.
Wird in der Kurve zuviel Gas gegeben, so ist es möglich, daß der Wagen mit dem Heck nach außen rutscht. Das Rutschen hört sofort auf, wenn das Lenkrad zurückgedreht wird und die Räder in Geradeausstellung gebracht werden. Das Lenkrad dreht sich sogar von selbst in die richtige, die Fahrtrichtung wieder stabilisierende Lage zurück, wenn man es kurz losläßt. Dazu gehört aber einige Übung, um den Wagen in diesen Grenzbereichen sicher zu beherrschen.

Bei Geradeausfahrt

Rutscht der Wagen bei Geradeausfahrt seitlich, vielleicht unter dem Einfluß von Eisbuckeln oder anderen Unebenheiten auf der Fahrbahn, so korrigiert man die Fahrtrichtung durch leichtes Gegenlenken, Gaswegnehmen und wieder sanftes Gasgeben. Heftige Reaktionen am Lenkrad, Auskuppeln oder gar Bremsen, können zum Schleudern führen und müssen vermieden werden.
Rutscht der Wagen allmählich zum Straßenrand, so ist das noch kein Grund, die Nerven zu verlieren. Am Rand finden die Reifen entweder auf dem Bankett, auf den dort meist liegenden Streusandresten, oder auf der hier noch nicht so glattgefahrenen Fahrbahnoberfläche wieder besseren Halt. Man muß nur durch entsprechende Korrekturen am Lenkrad dafür sorgen, daß der Wagen parallel zur Fahrtrichtung den Rand erreicht, sonst kann auch der Streusand nicht mehr helfen.

Auf Glatteis

Beim Anfahren auf vereister Straße drehen im ersten Gang leicht die Räder durch. Der Skoda rutscht dabei zwar nicht gleich zur Seite, man kommt aber kaum vorwärts. In diesem Falle ist es günstiger, im zweiten Gang anzufahren. Die Antriebskraft ist dabei nicht so groß und läßt sich mit dem Gashebel und der Kupplung feiner dosieren.

Bei Seitenwind

Der Skoda hat, wie die meisten Pkw mit Heckmotor, eine unangenehme Eigenschaft, mit der man nicht nur bei schwierigen Straßenverhältnissen rechnen muß: Er ist in hohem Maße windempfindlich! Besonders böiger Seitenwind kann bei höheren Geschwindigkeiten die Fahrtrichtung beträchtlich beeinflussen. Bei stürmischem Wetter muß hinter jeder Brücke und jedem Waldstück mit einem Schlenker gerechnet werden. Richtig ist es darum, bei solchem Wetter langsamer zu fahren. Die Seitenwindempfindlichkeit läßt sich durch Ausnutzung der zulässigen Achslast (z. B. voller 20-l-Kanister im Kofferraum) vermindern.

Bei Nacht und Nebel

Nachtfahrten sind kein Vergnügen. Sie erfordern höchste Konzentration und erlauben nur relativ geringe Durchschnittsgeschwindigkeiten, zumal man auf Landstraßen mit unbeleuchtet fahrenden Radfahrern, schlecht gekennzeichneten Hindernissen und ähnlichem zu rechnen hat. Das Licht der relativ kleinen Scheinwerfer am Skoda 1000 MB mit nur etwa 135 mm und am Skoda S 100 mit 160 mm Lichtaustritt ist nicht gerade überwältigend. Bei diesigem oder nebligem Wetter sieht man besonders mit dem Abblendlicht nicht mehr allzu viel. Bei einiger Übung kann man sich daran gewöhnen, auch im Licht des Gegenverkehrs die Fahrbahn zu beobachten. Hindernisse werden darin zumindest als Schatten wahrgenommen, lange bevor sie von den eigenen, abgeblendeten Scheinwerfern beleuchtet werden.
Auf jeden Fall lohnt es sich beim Skoda, zusätzlich Nebelscheinwerfer (s. auch Abschnitt „Nebelscheinwerfer") anzubringen. Man sollte sich aber nicht mit einem Nebelscheinwerfer begnügen, sondern zwei im gleichen Abstand von der Fahrzeugmitte und nicht weiter als 40 cm von der Fahrzeugaußenkante entfernt anbauen. Sie dürfen dann zusammen mit dem Standlicht geschaltet werden. Hält man die im § 60 der StVZO vorgeschriebenen Anbaumaße nicht ein oder benutzt nur einen Nebelscheinwerfer, so ist nur die Schaltung gemeinsam mit dem Abblendlicht erlaubt. Das von den Abblendfäden der Biluxlampen austretende Direktlicht baut aber die berüchtigte „weiße Strahlenwand" auf und macht die Wirkung der Nebelscheinwerfer wieder zunichte.

Sehen und gesehen werden

Bei trockenem Wetter sollte bei Nachtfahrten darauf geachtet werden, daß die Windschutzscheibe außen und innen peinlich sauber ist. Die Blendung durch den Gegenverkehr wird dann weit weniger störend empfunden. Bei verschmutzt oder mit Feuchtigkeit beschlagener Scheibe werden die Lichtreflexionen noch verstärkt. Auch Spuren von Fett, die beim Berühren mit der Hand an der Scheibe zurückbleiben, verstärken die Blendung.
In der Dämmerung sollte durch rechtzeitiges Einschalten des Abblendlichtes dafür gesorgt werden, daß das eigene Fahrzeug gut gesehen wird. Das gilt vor allem bei den Wagenfarben, die sich ohnehin nur wenig von der Umgebung oder von der Fahrbahn abheben, wie graphit- oder anthrazitgrau. Der § 18 der Straßenverkehrs-Ordnung (StVO) schreibt dazu vor, daß die Beleuchtungseinrichtungen (Abblendlich/Fernlicht) in Betrieb genommen werden müssen, wenn Fahrzeuge oder Personen in einer Entfernung von etwa 200 m außerhalb geschlossener Ortschaften (100 m in geschlossenen Ortschaften) nicht mehr deutlich wahrzunehmen sind.
Im Nebel muß auch am Tage mit Abblendlicht gefahren werden (oder mit zwei vorschriftsmäßig angebrachten und eingeschalteten Nebelscheinwerfern). Das Standlicht wird bei Nebel viel zu spät wahrgenommen, und seine Benutzung ist deshalb auch verboten. Muß bei Nebel gehalten werden, so sollte man sich dafür möglichst eine Stelle abseits der Fahrbahn aussuchen, um nicht ein Hindernis für den nachfolgenden Verkehr und eventuell Anlaß für Auffahrunfälle zu sein.

Beim Halten am Rande der Autobahn oder auf Fahrbahnen außerhalb geschlossener Ortschaften ist immer das Standlicht (§ 18 StVO) und nicht die Parkleuchte zu benutzen, und der Autobahndreibock muß laut § 19 StVO am Fahrbahnrand stehen. Auf der Fahrbahn selbst hat er nichts zu suchen, da er dort von den Fahrern der nachfolgenden Fahrzeuge leicht übersehen und vielleicht sogar überfahren wird.

Anhängerbetrieb

Beim Mitführen eines Anhängers ändern sich einige Fahreigenschaften. Das trifft insbesondere für die Beschleunigungs- und Verzögerungswerte zu. So ist man gezwungen, die unteren Gänge weiter auszufahren, weil der Motor sonst wesentlich mehr klingelt. Je nach Belastung erhöht sich auch der Kraftstoffverbrauch um 1 bis 2 l/100 km. Hat der Zug erst einmal die vorgesehene Geschwindigkeit erreicht, die man konstant fahren möchte (z. B. auf der Autobahn), so läuft der Anhänger für den Fahrer fast unmerklich mit. Eine Ausnahme bilden hierbei die Wohnanhänger, bei denen sich der höhere Luftwiderstand mit zunehmender Geschwindigkeit bemerkbar macht.
Ebenso wie beim Beschleunigen ändern sich die Verzögerungswerte. Die Bremswege werden ja nach Anhängelast entsprechend länger. Mit Anhänger sollte stets rechtzeitig v o r der Kurve gebremst werden. Das Abbremsen in der Kurve ist gefährlich, weil dabei der ungebremste Anhänger das Zugfahrzeug aus der Spur schieben kann. Wer noch keinen Anhänger mitgeführt hat, sollte vor der ersten Fahrt mit dem leeren Anhänger auf unbelebter Straße eine Testfahrt machen, um sich an die veränderten Fahreigenschaften zu gewöhnen. Auch das Rückwärtsfahren kann dabei geübt werden.
Beim Beladen ist die richtige Verteilung der Ladung wichtig. Der Anhänger darf niemals hecklastig sein, denn dabei würde die Hinterachse des Zugfahrzeuges entlastet und die Bodenhaftung beeinträchtigt. Vielmehr soll der Anhänger auf der Kupplungskugel am Zugfahrzeug stets mit einer bestimmten Last aufliegen, die mindestens 5 Prozent der Gesamtmasse des Anhängers und maximal 50 kg beträgt.
Als Zugvorrichtung für Einachsanhänger gibt es für die Skoda-Wagen 1000 MB und S 100 nur einen zugelassenen Typ, der an der Getriebeaufhängung und an der Motorquertraverse angebracht wird. Der Anbau ist relativ einfach und kann von jedermann durchgeführt werden, wobei die Anbauvorschriften zu beachten sind.
Für den Anhängerbetrieb ist ein zweiter Außenspiegel an der rechten Fahrzeugseite unerläßlich, damit bei breiterer Beladung des Hängers unbedingt die Sicht nach hinten garantiert ist. Wohnanhänger sind im allgemeinen breiter als das Zugfahrzeug. Hier müssen die Außenspiegel so weit verlängert werden, daß die Sicht nach hinten über beide Seiten gewährleistet wird, wobei auch die hinteren Ecken noch im Blickfeld liegen müssen.

Abschleppen

Ist eine Störung am Fahrzeug nicht zu beseitigen, bleibt nichts weiter übrig, als sich abschleppen zu lassen. Bei Schäden am Fahrwerk (Bremsanlage, Achsschaden usw.) ist es notwendig, einen Abschleppdienst in Anspruch zu nehmen, um den Schaden nicht zu vergrößern. Bei Störungen am Motor oder Kühlsystem kann man sich auch von einem anderen hilfreichen Verkehrsteilnehmer abschleppen lassen. Das Schleppseil wird an eine oder beide der vor der Vorderachse am Unterteil der Karosserie angebrachten Schleppösen mit Hilfe des im Bordwerkzeug vorhandenen Schleppbolzens angebracht. Ist der Schleppbolzen verloren gegangen, hilft auch eine 70 mm lange Schraube M 10 oder M 12 mit Mutter.
Möchte man selbst ein anderes Fahrzeug abschleppen, so wird am 1000 MB oder S 100 das Schleppseil am zweckmäßigsten an der Motorquertraverse befestigt, und zwar so, daß es unterhalb der Traverse aus dem Knoten heraus nach hinten verläuft. Damit sind Beschädigungen am eigenen Fahrzeug fast ausgeschlossen.
Auch beim Abschleppen muß man sich auf die geänderten Fahreigenschaften einstellen. Die in der StVO zugelassene Schleppgeschwindigkeit (40 km/h) ist für einen Ungeübten schon recht hoch. Besonders im Stadtverkehr empfiehlt es sich langsamer zu fahren, wenn man die Erfahrungen des Fahrers des abzuschleppenden Fahrzeuges nicht genau kennt. Der Schleppende und der Geschleppte haben darauf zu achten, daß das Schleppseil (in 5 m Länge zwischen den Fahrzeugen und mit roter Fahne in der Mitte) während des gesamten Schleppbetriebes, also auch beim Halten, stets gespannt ist, um unnötiges Rucken zu vermeiden. Der Abzuschleppende muß also geschickt mitbremsen.

Wartung, Kontrolle und Reparatur

Eine hohe Verkehrssicherheit auf unseren Straßen erfordert einerseits unbedingt ein betriebs- und verkehrssicheres Fahrzeug. Andererseits ist es, bedingt durch die aus volkswirtschaftlichen Gründen mit dem Ansteigen der Fahrzeugzahlen nicht genügend stark mitwachsende Werkstättenkapazität, oftmals nur sehr schwer möglich, selbst kleinere Schäden von Fachleuten schnell beheben zu lassen, eben, damit das Fahrzeug wieder verkehrssicher ist. Wo liegt der Ausweg? Er liegt in der Selbsthilfe bei der Schadenserkennung und bei den mit relativ geringem technischen Aufwand auszuführenden Wartungs-, Kontroll- und Reparaturarbeiten! Anliegen dieses Kapitels ist es deshalb, den Skoda-Fahrer in die Funktion der Aggregate und Baugruppen des Fahrzeuges einzuweihen und ihn so zu befähigen, sich bei der Werterhaltung seines Fahrzeuges, bei der vorbeugenden Instandhaltung, bei Kleinreparaturen und auch bei Pannen unterwegs selbst helfen zu können. Doch dabei ist einiges zu beachten. Im einzelnen ist es folgendes:

Notwendige Vorbemerkungen

Jede Selbstreparatur am eigenen Fahrzeug muß von Sicherheit getragen sein, denn es kann und darf nicht sein, daß durch unsystematisches und unqualifiziertes Herumbasteln am Kraftfahrzeug eine Gefahr für die anderen Verkehrsteilnehmer heraufbeschworen wird. Jede selbstausgeführte Arbeit, insbesondere die an Fahrwerk und Bremse, muß deshalb von einem hohen Verantwortungsbewußtsein gegenüber sich selbst und der Gesellschaft getragen sein.
Dieses Verantwortungsbewußtsein wird wirksam bei der Entscheidung darüber, welche Arbeit selbst ausgeführt werden soll. Dabei überprüft der einzelne die ihm zur Verfügung stehenden technischen Möglichkeiten, sein technisches Verständnis und sein handwerkliches Können. Keiner darf sich dabei überschätzen, weil dann Verantwortungsbewußtsein zu Verantwortungslosigkeit wird. Hinzu kommt der finanzielle und materielle Schaden durch die falsche Behandlung des Fahrzeuges oder den unfachgerechten Einbau hochwertiger Ersatzteile.
Selbsthilfe am Kraftfahrzeug heißt also in erster Linie, Verantwortung zu tragen, Verantwortung gegen sich selbst und gegenüber anderen! Das gilt ganz besonders bei Arbeiten an Lenkungs- und Bremsanlage. Eine diesbezügliche Anordnung über die Allgemeinen Leistungsbedingungen für Instandhaltungsleistungen an Kraftfahrzeugen des Ministers für Verkehrswesen vom 24. 1. 1973 (GBl. I Nr. 8) besagt darum auch in § 9 Abs. 6, daß Instandhaltungsleistungen an Lenkung und Bremse nur von

Arbeitskräften ausgeführt werden dürfen, die die erforderliche Qualifikation besitzen, eben, weil von diesen Baugruppen die Verkehrssicherheit des Fahrzeuges ganz wesentlich bestimmt wird. Wenn sich diese Anordnung auch in erster Linie auf die gewerbliche Reparatur von Kraftfahrzeugen bezieht, so dürfen wir sie dennoch nicht außer acht lassen. Gut beraten ist auf jeden Fall, wer sich vor Beginn einer Reparatur an Lenkungs- und Bremsanlage der notwendigen fachlichen Unterstützung versichert. Zur fachlichen Unterstützung bei jeder Selbstreparatur wird überhaupt geraten. Die gesellschaftlichen Kräfte, die die technische Überprüfung der Fahrzeuge durchführen, analysieren zumindest die größeren Fehler, und in den Selbsthilfewerkstätten oder Verkehrssicherheitszentren kann man sie danach unter Anleitung eines Fachmannes sicher beheben. Das ist der eigenen Sicherheit und der Sicherheit der anderen Verkehrsteilnehmer dienlich!
Die Entscheidung über die Selbsthilfe am eigenen Kraftfahrzeug wird demjenigen am schwersten fallen, der auf keinerlei Erfahrungen zurückgreifen kann. Daher sollte speziell für ihn die Empfehlung gelten, mit kleinen unkomplizierten Arbeiten zu beginnen, um sich einzuarbeiten. Das macht sich an einem neuen Fahrzeug am besten, da hier in der Regel zunächst Wartung und Kontrolle im Vordergrund stehen und vorbeugende Reparaturen erst mit zunehmender Laufleistung anfallen. Kündigt sich jedoch bereits eine größere Reparatur an, so ist der Weg zur Werkstatt unumgänglich.
Es sei noch darauf hingewiesen, daß man sich bei Arbeiten, die u n t e r dem Fahrzeug ausgeführt werden, niemals auf den Wagenheber oder andere Hebevorrichtungen verlassen darf. Es ist i m m e r notwendig, das Fahrzeug durch Unterstellböcke gegen ein Herabfallen zu sichern. Erst dann darf die Arbeit an oder unter dem angehobenen Fahrzeug beginnen.

Werkzeuge und Ersatzteile

Für Reparaturen unterwegs und für die in diesem Buch beschriebenen Heimarbeiten reicht das mitgelieferte Bordwerkzeug nicht aus. Die nachfolgende Stückliste soll dazu dienen, das Bordwerkzeug sinnvoll zu ergänzen. Benötigt werden:
Ein Satz Maulschlüssel der Größen 7 bis 24 mm; Ringschlüssel 9/11, 12/14, 14/17 und 30 mm; Steckschlüssel 10/11 und 12/14; zwei Kreuzschlitzschraubenzieher in kleiner und mittlerer Größe. Ab Baumuster 1973 wird anstelle der Schlüssel 12/14 mm die Schlüsselweite 13 mm gebraucht.
Nicht dringend notwendig, aber sehr zu empfehlen ist die Ergänzung durch einen Nußkastensatz mit den Schlüsselgrößen von 8 bis 19 mm. Außerdem kann man brauchen: Seitenschneider, Wasserpumpenzange, Blattlehre, Prüflampe, Fettpresse, Ölspritzkanne, Kanister, Luftpumpe, Luftdruckmesser, Vorlegeklötze, Unterlegebrett für Wagenheber.
Mit folgenden Ersatzteilen (Kosten etwa 100,– M) kann man sich bei den häufigsten Pannen unterwegs helfen:
Zündspule, Zündkerzen, Verteilerkappe, Verteilerfinger, Unterbrecherkontakte, Kondensator, Kerzenstecker, Drehfeder für Gasgestänge, Gaszug, 2 m Kraft-

stoffschlauch, Ventil für Kraftstoffpumpe, Membran für Kraftstoffpumpe, Vergaserschwimmer, Schwimmerhalteschraube, Schwimmernadelventil, Kühlerschlauchband mit Schloß, Zylinderkopfdichtung, Keilriemen, Bremsflüssigkeit, Luftschlauch, Ventileinsätze, Sicherungen, Isolierband, Lüsterklemmen, 2 m Kabel.

Motor

Besonders bei neuen oder nach einer Reparatur neu montierten Motoren ist es erforderlich, die Schrauben und Muttern auf festen Sitz zu prüfen und wenn nötig nachzuziehen. Sind sie im Laufe der Zeit mehrmals nachgezogen worden, lockern sie sich weitaus weniger, und man kann die Kontrollintervalle größer halten. Das Schema für das Anziehen der Schrauben des Zylinderkopfes enthält Abbildung 9. Wird es nicht eingehalten, kann die Zylinderkopfdichtung den Druck nicht aufnehmen, und im Zylinderkopf entstehen Spannungen, die später die Ursache von Undichtheiten sind.
Durch das Anziehen der Zylinderkopfschrauben ändern sich die Ventilspiele. Die Ventile müssen anschließend nachgestellt werden.

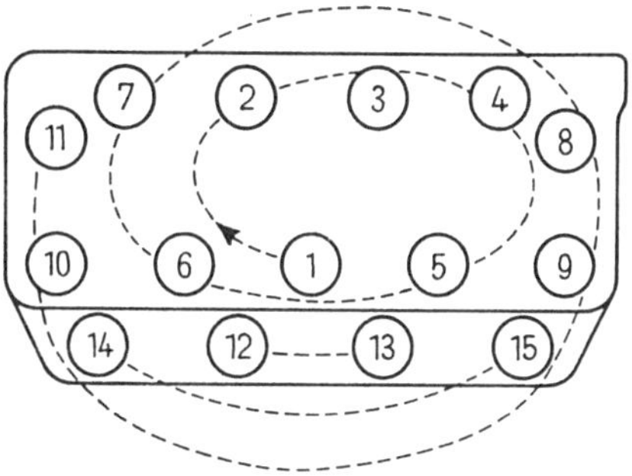

Abb. 9
Beim Anziehen der Zylinderkopfmuttern ist diese Reihenfolge einzuhalten

Ventile einstellen

Die regelmäßige Kontrolle des Ventilspieles ist eine der wichtigsten Wartungsarbeiten am Viertaktmotor. Das einmal eingestellte Spiel bleibt nämlich nicht für alle Zeiten konstant, sondern verändert sich sowohl durch mechanische Abnutzung als auch durch die ständigen Temperaturwechsel. Die einströmenden Frischgase haben Temperaturen bis zu 80 °C, beim Verbrennen im Zylinder treten Temperaturen bis zu 2000 °C auf. Unter diesen Bedingungen verändert auch hochfester Stahl seine Gestalt und dehnt sich ein wenig aus.
Wäre das Ventilspiel nicht vorhanden, so könnten sich die sehr warm gewordenen Ventile nicht mehr völlig schließen, sondern blieben einen winzigen Spalt offen. Durch diesen Spalt würde nicht nur ein Teil der Verbrennungsgase ausströmen und ungenutzt verloren gehen, der Spalt unterbräche auch die

Wärmeableitung vom Ventilteller zum wassergekühlten Zylinderkopf, und das Ventil würde sehr schnell „verbrennen". Deshalb ist es sehr riskant, ein kleineres Ventilspiel einzustellen, als vom Hersteller vorgeschrieben ist. Ein etwas größeres Spiel dagegen richtet keinen Schaden an. Dadurch werden höchstens die Ventilgeräusche etwas lauter, aber das ist nur ein Schönheitsfehler.

Ventilspiel

Das vorgeschriebene Spiel sollte möglichst genau eingehalten werden. Die entsprechende Blattlehre läßt sich in diesem Falle zwischen Ventilschaft und Kipphebel leicht hindurchschieben (Abb. 10). Läßt sie sich nur mühsam und unter Kraftanstrengung einschieben, klemmt also zwischen Ventilschaft und Kipphebel, ist das Spiel zu klein und muß nachgestellt werden.
Zum Nachstellen wird die Kontermutter (11 mm Schlüsselweite) gelöst und die Schlitzschraube gedreht. Das Drehen nach links ergibt ein größeres, das Drehen nach rechts ein kleineres Spiel. Beim Festziehen der Kontermutter muß die Schlitzschraube mit dem Schraubenzieher festgehalten werden, sonst dreht sie sich mit und verkleinert das Spiel wieder. Anschließend wird das Spiel nochmals mit der Lehre geprüft.
An die Kontermuttern sollte man möglichst nicht mit einem Gabelschlüssel

Abb. 10 Einstellen des Ventilspieles, hier beim Auslaßventil des 1. Zylinders; 1 – Ringschlüssel, 2 – Schraubenzieher, 3 – Blattlehre

herangehen, er verformt mit der Zeit die Kanten der Muttern, bis sie schließlich kein Schlüssel mehr fassen kann. Ein Ringschlüssel faßt die Muttern an allen sechs Kanten und hinterläßt keine Spuren.

Stellung der Kipphebel

Das Prüfen und Nachstellen des Ventilspieles ist nur bei einer ganz bestimmten Stellung der Nockenwelle möglich, bei der die Ventile völlig geschlossen sind. Das ist der Fall, wenn der Kolben des Zylinders, zu dem die zu prüfenden Ventile gehören, am Ende des Verdichtungstraktes nahe dem oberen Totpunkt steht. Um diese Stellung zu finden, drehen Fachleute die Kurbelwelle (mit einem 30-mm-Steckschlüssel oder gekröpftem Ringschlüssel) rechtsherum und beobachten dabei die Ventile. Schließt sich das Auslaßventil des 4. Zylinders und öffnet sich unmittelbar danach dessen Einlaßventil, so sind die Ventile des 1. Zylinders völlig geschlossen und können geprüft werden. Umgekehrt sind die Ventile des 4. Zylinders völlig geschlossen, wenn bei den Ventilen des 1. Zylinders dieser Bewegungswechsel stattfindet. Die gleichen Zusammenhänge bestehen zwischen den Zylindern 2 und 3.
Das Drehen der Kurbelwelle entsprechend den Bewegungen der Ventile in die für jedes zu prüfende Ventilpaar richtige Stellung erfordert einige Übung. Man kann sich dabei leicht irren und stellt unter Umständen nicht die entsprechend der Kurbelwellenstellung richtigen Ventile nach, wobei im Endeffekt viel zu große Spiele entstehen.

Stellung des Verteilers

Das „elektrische" Einstellverfahren bietet eine viel größere Sicherheit und schließt die erwähnten Irrtümer aus. Dazu braucht man jedoch eine Prüflampe, die einmal an Masse und mit ihrem zweiten Anschluß an die Klemme 1 der Zündspule (oder am Verteilergehäuse an den seitlichen Kabelanschluß) angeklemmt wird. Bei eingeschalteter Zündung leuchtet die Prüflampe bei geöffneten Unterbrecherkontakten.
Vom Verteiler wird die Kappe mit den Zündkabeln abgenommen, um die Stellung des Verteilerläufers beobachten zu können. Nun wird die Kurbelwelle (immer rechtsherum) zunächst so weit gedreht, bis der Kontaktfinger des Verteilerläufers (Abb. 11) in Fahrtrichtung zeigt. Anschließend dreht man langsam weiter, bis die Prüflampe gerade aufleuchtet. Der Kontaktfinger steht jetzt der Markierung am Verteilergehäuse gegenüber, und der Kolben des 1. Zylinders steht im Zündzeitpunkt (5° vor dem oberen Totpunkt). Die Ventile des 1. Zylinders sind jetzt völlig geschlossen und können geprüft und eingestellt werden (der 1. Zylinder liegt in Fahrtrichtung ganz hinten, also dem Verteiler am nächsten).
Danach wird die Kurbelwelle eine halbe Umdrehung weitergedreht – der Verteilerfinger legt dabei eine viertel Umdrehung zurück – und wieder die Prüflampe beobachtet. Wenn sie gerade aufleuchtet, steht der 3. Kolben im Zündzeitpunkt, und die Ventile des 3. Zylinders können nachgestellt werden.

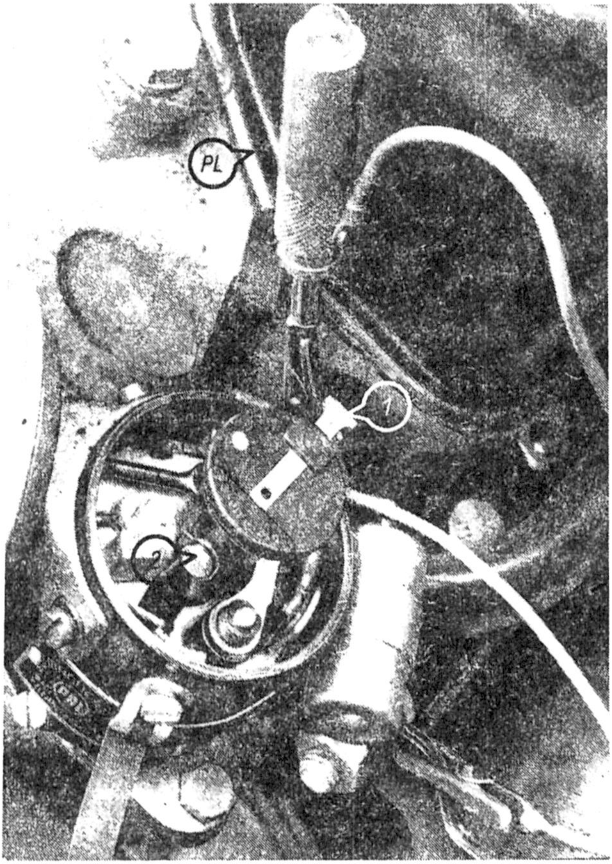

Abb. 11
Die Prüflampe (PL) wird am Unterbrecheranschluß (seitlich am Verteilergehäuse) und an Masse angeklemmt;
1 Kontaktfinger des Verteilerläufers,
2 Klemmschraube zur Befestigung des Verteilerläufers

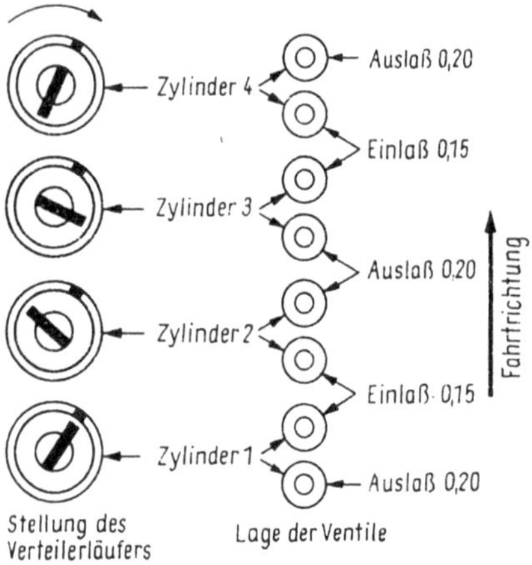

Abb. 12
Lage der Ventile und Stellung des Verteilerläufers, bei der der Kolben des betreffenden Zylinders am Ende des Verdichtungshubes im oberen Totpunkt steht

Eine halbe Kurbelwellenumdrehung weiter zeigt die Prüflampe mit ihrem Aufleuchten den Zündzeitpunkt des 4. Zylinders an, wobei dessen Ventile einzustellen sind. Zum Schluß kommen die Ventile des 2. Zylinders an die Reihe, wenn die Prüflampe nach dem Drehen der Kurbelwelle dessen Zündzeitpunkt anzeigt.
Abbildung 12 zeigt die Lage der zu den einzelnen Zylindern gehörenden Ventile und die ungefähren Stellungen des Kontaktfingers am Verteilerläufer bei den einzelnen Zündzeitpunkten.
Die Reihenfolge der Ventileinstellung entspricht der Zündfolge 1 – 3 – 4 – 2. Das erforderliche Ventilspiel beträgt bei kaltem Motor 0,20 mm für die Auslaßventile und 0,15 mm für die Einlaßventile.

Stellung der Keilriemenscheibe

Es gibt noch eine andere Möglichkeit, den oberen Totpunkt eines jeden Kolbens zu finden. Für die Zündeinstellung (s. Abb. 31) befindet sich an der Keilriemenscheibe eine Kerbe und am Motorgehäuse eine angegossene Skala. Steht die Kerbe dem mit 0 bezeichneten äußersten rechten Skalenstrich gegenüber, so steht entweder der Kolben des 1. oder der des 4. Zylinders im oberen Totpunkt. Feilt man auf der gegenüberliegenden Seite der Riemenscheibe, also um 180° versetzt, eine weitere kleine Kerbe ein, so können damit die oberen Totpunkte der Kolben 2 und 3 eingestellt werden. Die Prüflampe ist dann nicht notwendig. Auf die Stellung des Kontaktfingers muß aber geachtet werden, um zu wissen, welcher der beiden jeweils möglichen Kolben am Ende des Verdichtungstaktes steht.

Schmierungsfragen

Bei der bei den Skoda-Motoren angewandten Druckumlaufschmierung saugt eine von der Nockenwelle angetriebene Zahnradpumpe mit vorgeschaltetem Siebfilter das Öl aus dem tiefsten Teil der Ölwanne an und fördert es über die entsprechenden Kanäle an die Schmierstellen. Dabei wird ein Teil des geförderten Öles durch das im Nebenstrom liegende Feinfilter geleitet. Der Papierfiltereinsatz hält die feinen Schmutzteile zurück, die noch das Ansaugfilter passieren konnten. Ist das Feinfilter infolge starker Verschmutzung undruchlässig geworden, so fließt das Öl direkt in den Schmierkreislauf. Man kann also nicht durch irgendwelche äußeren Anzeichen erkennen, ob der Ölfiltereinsatz noch weiter genutzt werden kann. Deshalb hieße es am falschen Ende sparen, wenn beim Ölwechsel nicht auch der Filtereinsatz gewechselt würde.

Ölwechsel

Vor dem Ölwechsel muß man den Motor warmfahren, warmlaufenlassen im Stand genügt nicht. Die am Kontrollinstrument angezeigte Wassertemperatur sagt aber nicht aus, daß das Öl ebenfalls warm und damit dünnflüssig ist. Deshalb sollten vor dem Ölwechsel mindestens 20 km gefahren werden. Nach

dieser Strecke ist das Öl dünnflüssig genug und bleibt nicht mehr in den engen Schmierkanälen haften.
Die Ablaßschraube mit ihrem konischen Gewinde wird selten hundertprozentig dicht. Deshalb ist es nicht sinnvoll, sie übermäßig anzuziehen. Dabei besteht auch die Gefahr, daß das Gewindestück in der Ölwanne reißt oder losgerissen wird.

Ölfilterwechsel

Der Ölfiltereinsatz befindet sich in der Glocke des Ölfilters, die mit einem zentralen Spannbolzen am Motorblock befestigt ist. Nach dem Herausschrauben des Spannbolzens (17er bzw. bei älteren Motoren des Typs 1000 MB 22er Maul- oder Ringschlüssel) läßt sich der gesamte Ölfilter abnehmen. Das dabei auslaufende Öl sollte gleich in das noch unter dem Motor stehende Ölaufnahmegefäß fließen.
Nach dem Auswaschen der Ölfilterglocke (am besten mit Benzin) wird der neue Ölfiltereinsatz mit der Feder in die Filterglocke gesetzt, und das Ölfilter kann wieder an den Motorblock geschraubt werden. Wichtig ist das richtige Einsetzen des Filtereinsatzes (Abb. 13). Durch falsches Einsetzen wird der Filtereinsatz beim Anziehen der Filterglocke deformiert, er verliert dadurch seine Filterwirkung. Bei der Montage ist auch zu beachten, daß die Filterglocke auf dem vorgesehenen Paßsitz aufliegt, sonst dichtet der Gummiring nicht richtig oder wird verformt.

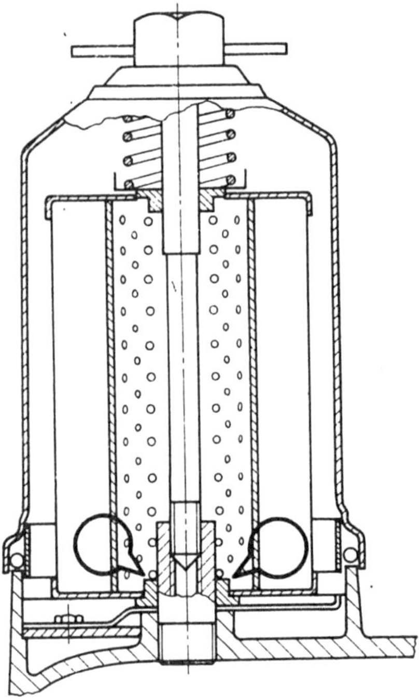

Abb. 13
Der Filtereinsatz sitzt richtig, wenn der ebene Abschlußdeckel zum Motorblock weist

Welches Öl?

Vom Öl hängt es wesentlich ab, daß der Motor nicht durch übermäßigen Verschleiß vorzeitig ausfällt. Mitunter hört man über Ölsorte und Ölqualität widersprechende Meinungen. Wir meinen, man sollte die Auswahl des Öles dem Ölhersteller überlassen. Er hat die besten Möglichkeiten, die einzelnen Öle unter allen Bedingungen zu testen.
Das bei uns im Handel befindliche Motorenöl für Viertakt-Ottomotoren, also auch für die Skoda-Motoren, hat die Bezeichnung MV 232 bzw. Addinol 232. Es ist ein Mehrbereichsöl der Spezifikation SAE 20 W/30 und erlaubt durch sein gutes Viskositäts-Temperaturverhalten den ganzjährigen Einsatz.
Die Ölwechselfrist wurde vom Ölhersteller auf 8000 km festgelegt. Bei der ersten Füllung allerdings muß das Öl bereits nach 4000 km gewechselt werden. Wir halten bei unseren Wagen diese Ölwechselfrist ein und haben damit noch keine schlechten Erfahrungen gemacht. Allerdings sollte das Öl unabhängig von der Laufleistung nicht länger als ein Jahr im Motor bleiben, denn es altert auch ohne Beanspruchung.
Addinol 232 ist nach Angaben des Herstellers mit anderen in der DDR hergestellten Motorenölen mischbar. Man kann es also auch nachfüllen, wenn der Motor noch mit anderen Ölen, z. B. Addinol-Extra, gefüllt ist. Ist ein Motor mit einem nicht in der DDR hergestellten Öl gefüllt, sollte er vor dem ersten Auffüllen des Addinol 232 mit etwa 2 l Addinol 232 gespült werden (Öl einfüllen, Motor laufen lassen, Öl ablassen).
Der Ölfiltereinsatz muß bei einem Wechsel der Ölsorte unbedingt erneuert werden!

Ölstand

Jeder Viertaktmotor – auch ein neuer – hat einen gewissen Ölverbrauch, der technisch bedingt ist. Für die Motoren der Skoda 1000 MB und S 100 wird vom Herstellerwerk ein maximaler Ölverbrauch von 0,08 bis 0,1 l/100 km angegeben. Wer viel Kurzstrecken fährt, muß zwangsläufig mit einem höheren Ölverbrauch rechnen, da erst im betriebswarmen Zustand das Spiel zwischen Kolben und Zylinder am geringsten ist.
Der Kontrollstab für den Ölstand hat zwei Markierungen, die den maximalen und den minimalen Ölstand des Motors anzeigen. Bei der vom Herstellerwerk vorgeschriebenen Ölmenge von 3,5 l markiert sich der Ölstand etwa an der Marke „maximal". Wir haben die Erfahrung gemacht, daß der Ölverbrauch bei einer Ölmenge von 3 l geringer ist. Dabei markiert sich der Ölstand am Ölmeßstab etwa in der Mitte zwischen den beiden Markierungen. Das heißt, der Ölverbrauch ist bei 3,5 l Füllmenge anfangs höher, er wird geringer, wenn der Ölstand im Bereich zwischen den beiden Markierungen liegt. Man sollte es jedoch vermeiden, den Ölstand noch weiter absinken zu lassen. Je weniger Öl im Motor vorhanden ist, um so schneller wird es zu den Schmierstellen gepumpt. Dadurch erhöht sich zwangsläufig die Öltemperatur, und die Schmierfähigkeit läßt nach.

Ölverbrauch

Ist ein berechtigter Verdacht auf erhöhten Ölverbrauch vorhanden, so sollte man den Ölverbrauch auch exakt ermitteln. Dazu wird bei kaltem Motor der Ölstand gemessen und so weit ergänzt, daß er etwa in der Mitte zwischen den beiden Markierungen des Kontrollstabes liegt. Dieser Ölstand wird am Kontrollstab markiert. Nun werden ohne Unterbrechnung 100 km mit etwa zwei Drittel der Höchstgeschwindigkeit (80 km/h) gefahren und der Wagen wieder auf dem Platz abgestellt, auf dem er zum Zeitpunkt der Ölkontrolle stand. Hier bleibt er mindestens eine Stunde stehen, damit das Öl von den Wandungen und aus den Schmierstellen abtropft. Am Ölkontrollstab ist jetzt festzustellen, um wieviel sich der Ölstand verringert hat. Füllt man nun Öl bis zur markierten Stelle nach, so hat man den genauen Ölverbrauch.

Ölverlust

In den meisten Fällen stellt sich der erhöhte Verbrauch von Öl als Ölverlust heraus. Zur Kontrolle des Ölverlustes wird der gesamte Motor von außen mit Waschbenzin gereinigt. Dabei muß wegen der Brandgefahr das Massekabel unbedingt von der Batterie abgeklemmt werden. Am sauberen Motor kann man meist schon nach kurzer Fahrstrecke die Ursachen für den Ölverlust feststellen. Erfahrungsgemäß sind das defekte Dichtungen (s. Abb. 14).
Bei dieser Überprüfung beachtet man, daß das Öl nicht unbedingt dort gefunden werden muß, wo es ausgetreten ist; es kann sich durch die Luftzirkulation im Motorraum auch verteilt oder an einem Punkt gesammelt haben. Häufig treten geringe Verluste am Öldruckgeber auf. Hier sammelt sich aber auch das aus der Ventilhaube austretende Öl.

Abdichtarbeiten

Abbildung 14 zeigt die Stellen, wo Abdichtarbeiten notwendig werden könnten.
Allgemein gilt dabei, daß stets neue Dichtungen einzusetzen sind.
Der Öldruckgeber ist nur nachzuziehen.
Die Dichtung der Ventilhaube sollte mit Motodix auf die Dichtfläche der Haube aufgeklebt werden; sie verrutscht dann beim Aufsetzen nicht.
Korkdichtungen müssen vor der Montage etwa 15 Minuten in Wasser gelegt werden, damit sie geschmeidig sind und beim Aufsetzen nicht reißen.
Die Gummischeiben unter den Befestigungsmuttern der Ventilhaube quellen im Laufe der Zeit auf und sollten dann ersetzt werden.
Undichtheiten, wie an der Ventilhaube, können auch am seitlichen Deckel des Motors auftreten. Zum Abdichten werden, wie an der Ventilhaube, Dichtung und Gummischeiben erneuert.
Ventilhaube und Seitendeckel dürfen nicht zu stark angezogen werden. Sie verformen sich sonst und dichten nicht mehr einwandfrei.
Tritt Ölverlust am Flansch der Kraftstoffpumpe auf und ist er durch Nachziehen der Befestigungsschrauben nicht abzustellen, müssen die Dichtung der Kraftstoffpumpe und die Isolierunterlage erneuert werden. Die Stärke der Dichtungen

Abb. 14 Die Pfeile zeigen die Dichtungen der Ventilhaube (1), des seitlichen Deckels (2), die Gummischeiben (3) unter den Verschraubungen, den Flansch der Kraftstoffpumpe (4) und den Öldruckgeber (5)

muß dabei unbedingt beibehalten werden, damit sich die Fördermenge der Kraftstoffpumpe nicht verändert (s. auch Abschnitt „Kraftstoffpumpe").
Ölverluste an der Ölwanne werden gleichfalls durch Auswechseln der Dichtung beseitigt. Auch hier ist das Aufkleben der Dichtung auf den Ölwannenflansch vorteilhaft.
Ältere Motoren des Typs 1000 MB haben zur Abdichtung des am Getriebe gelegenen Kurbelwellenlagers eine sogenannte Rücklaufschnecke. Bei stehendem Motor kann das in den Nuten der Rücklaufschnecke befindliche Öl nicht

in die Ölwanne zurückgefördert werden. Tropft bei solchen Motoren im Stand etwas Öl zwischen Motor und Getriebe ab, so ist das unvermeidbar. Steigt der Ölverlust an dieser Stelle jedoch an bzw. tritt er an neueren Motoren der Typen 1000 MB oder S 100 an der Dichtung zwischen Motor und Getriebe auf, so ist eine Reparatur in der Werkstatt erforderlich.

Kraftstoffanlage

Die Kraftstoffanlagen der beiden Skoda-Typen sind im wesentlichen gleich. Über Rohrleitungen und Verbindungsschläuche versorgt die Kraftstoffpumpe den Vergaser mit dem notwendigen Kraftstoff und der Vergaser den Motor mit dem erforderlichen Kraftstoff-Luft-Gemisch. Störungen an diesem relativ komplizierten Versorgungssystem – kompliziert deshalb, weil kleinste Schmutzteilchen die Kraftstoffzufuhr blockieren können – sind immer möglich, in der Regel aber leicht zu beheben. Für die konkrete Störungssuche und -beseitigung geben die nachfolgenden Ausführungen Anhaltspunkte.

Kraftstoffbehälter

Im Laufe der Zeit setzen sich im Kraftstoffbehälter (Tank) die im Kraftstoff enthaltenen Schmutzanteile ab. Hat man häufig Störungen an der Kraftstoffzufuhr und stellt dabei verschmutzte Düsen oder ein verschmutztes Sieb der Kraftstoffpumpe fest, empfiehlt es sich, den Tank zu spülen.

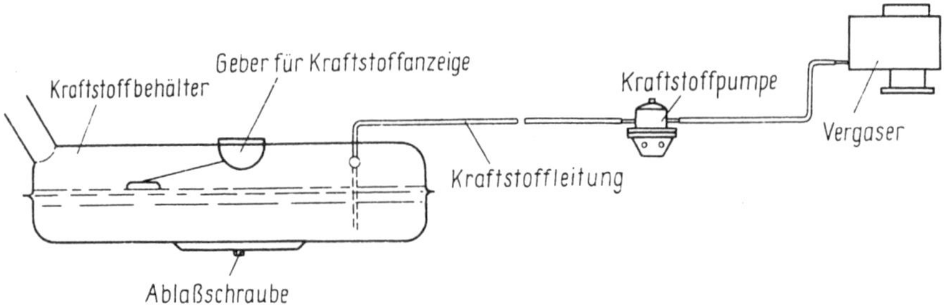

Abb. 15 Prinzipieller Aufbau der Kraftstoffanlage

In einem häufig bzw. über einen längeren Zeitraum leeren Tank bildet sich Kondenswasser, das über die Kraftstoffpumpe bis in den Vergaser gelangt. Dabei kommt es bei Temperaturen unter dem Gefrierpunkt zum „Einfrieren" der Kraftstoffzufuhr. In diesem Falle hilft nach dem Auftauen (in einem warmen Raum) nur die gründliche Reinigung der ganzen Anlage (Abb. 15).

Reinigung

Als erstes läßt man den Kraftstoff aus dem Tank in ein sauberes Gefäß (Eimer oder ähnliches) ab. Dabei setzt sich unten das Wasser vom spezifisch leichteren Kraftstoff ab, und man kann nach der Reparatur den größten Teil des Kraftstoffes wieder auffüllen. Nun wird die Leitung, die den Tank mit der Kraftstoffpumpe verbindet, an der Kraftstoffpumpe gelöst und mit Druckluft (gegebenenfalls mit einer Luftpumpe) in Richtung Behälter durchgeblasen. Danach kann die Ablaßschraube wieder eingedreht und der Kraftstoff wieder aufgefüllt werden.
Eine nicht minder häufige Fehlerquelle ist das Eindringen von Spritzwasser über den Einfüllstutzen in den Tank. Das geschieht u. a., wenn der Schlauch der Tankentlüftung beim 1000 MB von seinem Stutzen (im Radkasten) abgerutscht bzw. abgerissen ist. Speziell bei der ersten Serie des Typs S 100 dringt das Spritzwasser durch die Bohrung am Tankeinfüllstutzen, durch die die Haltestange des Einfüllverschlusses führt. Ein auf diese Stange aufgeschobener Gummi (Abb. 16) schafft Abhilfe.
Wir haben an unseren Fahrzeugen in diese Bohrung ein Stück Kupferrohr (∅ 4 mm) geschoben und das Rohr mit einem Gummischlauch, der am Kotflügel entlang in Richtung Scheinwerfer führt, verlängert. Seitdem ist dieser Mangel behoben.
Auf alle Fälle sollte man die Empfehlung des Herstellers beherzigen, im Winter jeder Tankfüllung etwa 50 cm^3 Brennspiritus beizugeben. Der Spiritus bildet mit dem eventuell im Tank vorhandenen Wasser eine frostbeständige Mischung, die auch für den Motor unschädlich ist.

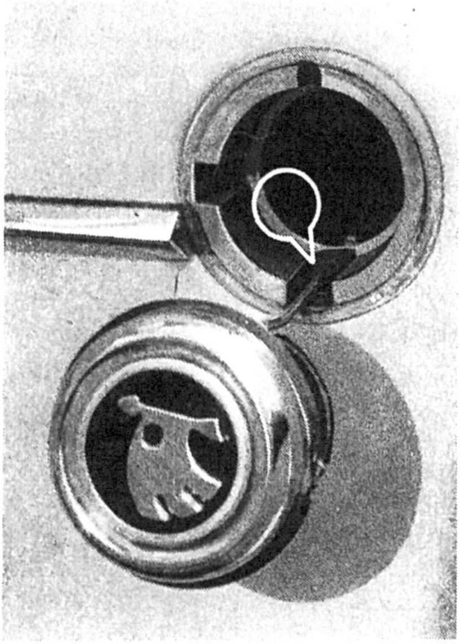

Abb. 16
Einfüllstutzen des S 100, Baujahr 1970/71. Der Pfeil weist auf das auf die Haltestange aufgeschobene Gummiteil hin

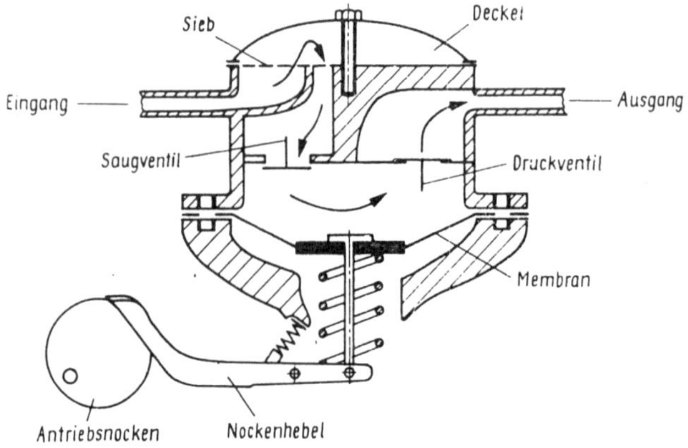

Abb. 17
Prinzipieller Aufbau der Kraftstoffpumpe

Kraftstoffpumpe

Zur Förderung des Kraftstoffes vom Tank zum Vergaser dient eine Membranpumpe, die von der Nockenwelle des Motors angetrieben wird. Abbildung 17 zeigt ihren Aufbau.

Reinigung

Im Deckel der Kraftstoffpumpe befindet sich ein Sieb, unter dem sich der mit dem Kraftstoff angesaugte Schmutz sammelt. Dieses Sieb und der Schmutzraum müssen in größeren Abständen gereinigt werden. Dazu ist die Sechskantschraube (9 mm Schlüsselweite) zu lösen und der Deckel abzunehmen (Dichtring nicht verlieren).

Fördert die Pumpe auch nach der Reinigung keinen oder nicht genügend Kraftstoff, können die Membran oder die Ventile schadhaft sein. Zum Wechseln der Pumpenmembran, die zwischen Pumpenober- und -unterteil eingespannt ist, wird die Pumpe am besten ausgebaut, um sie bei dieser Gelegenheit gleich gründlich zu reinigen. Zum Ausbau empfiehlt sich ein 12-mm-Steckschlüssel.

Montage

Bei der Montage der Kraftstoffpumpe ist zu beachten, daß die Membran bei maximalem Nockenhub eingespannt wird, sonst kann sie überbeansprucht werden und reißen. Nach dem Aufsetzen des Oberteiles und Ansetzen der acht Schlitzschrauben M 4 muß deshalb noch v o r dem Anziehen der Schrauben der Handförderhebel bis zum Anschlag nach unten gedrückt und in dieser Stellung so lange festgehalten werden, bis die acht Schrauben angezogen sind. Abbildung 18 zeigt, wie man Pumpe und Handhebel dabei hält.

Das Oberteil der Pumpe darf nicht verkehrt herum aufgesetzt werden. Der druckseitige Pumpenstutzen – er ist mit einem Pfeil gekennzeichnet –, an dem

Abb. 18
Kraftstoffpumpe, Hilfshandhebel nach unten gedrückt

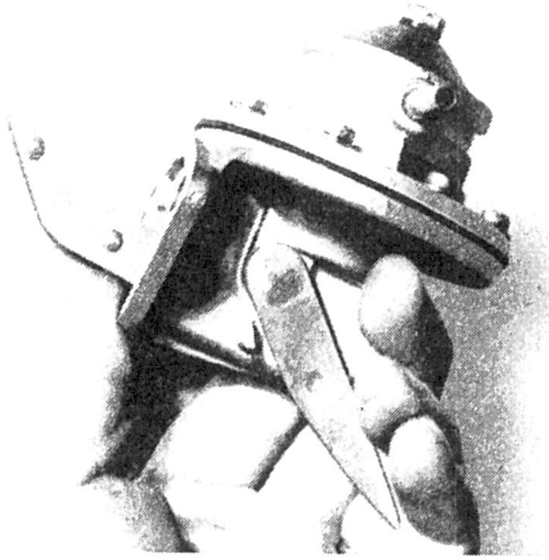

der zum Vergaser führende Schlauch anzuschließen ist, muß in Fahrtrichtung nach hinten zeigen.
Um die Förderleistung der Kraftstoffpumpe nicht zu verändern, dürfen die Dichtungen in ihrer Stärke nicht verändert werden. Eine stärkere Dichtung würde die Förderleistung verringern. Eine schwächere Dichtung erhöht die Förderleistung, was zum Überlaufen des Vergasers führen kann.

Vergaser

Der Vergaser hat die Aufgabe, das Kraftstoff-Luft-Gemisch allen Belastungsstufen und Betriebszuständen anzupassen. Er vereinigt in sich fünf verschiedene Systeme, die je nach den Anforderungen das Gemisch dosieren.

Leerlaufsystem

Im Leerlauf und bei niedrigen Drehzahlen bestimmt die Leerlaufdüse (DL) die Kraftstoffzufuhr, während über die Leerlaufluftdüse (DLL) eine Vormischung mit Luft stattfindet. Die Menge dieses relativ fetten Kraftstoff-Luft-Gemisches kann mit der Leerlaufgemischregelschraube (2) eingestellt werden. Nach dem Eintritt des Leerlaufgemisches in das Ansaugrohr findet nochmals eine Vermischung mit der durch den noch offenen Spalt der Drosselklappe eintretenden Luft statt. Diese Luftmenge wird mit der Drosselklappenanschlagschraube (1) geregelt. Sie bestimmt auch die Leerlaufdrehzahl (Abb. 19 und 20).

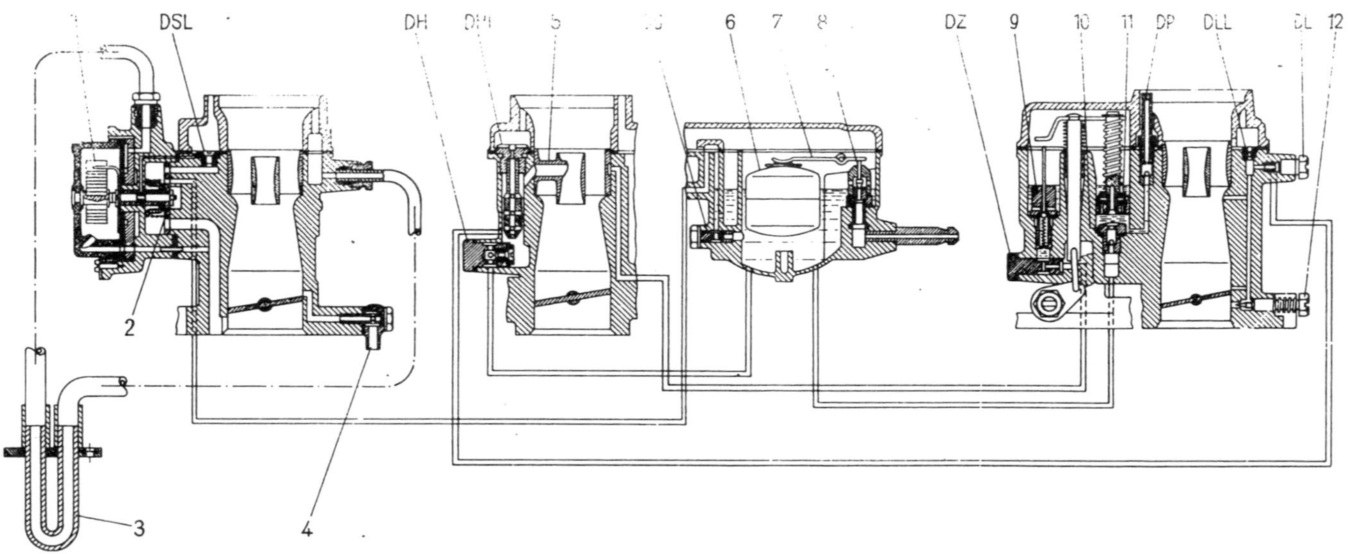

Abb. 19 Vergaserschnitt; 1 – Bimetallfeder, 2 – Startdrehschieber, 3 – Wärmeschleife (in den Auspuffkrümmer eingesetzt), 4 – Anschluß der Unterdruckzündverstellung, 5 – Zerstäuber, 6 – Schwimmer, 7 – Hebel, 8 – Schwimmernadelventil, 9 – Ventil zur Einschaltung der Zusatzdüse, 10 – Saugventil der Beschleunigungseinrichtung, 11 – Beschleunigerpumpe, 12 – Leerlaufgemischregelschraube, DS – Startkraftstoffdüse, DSL – Startluftdüse, DH – Hauptdüse, DHL – Hauptluftdüse mit Mischrohr, DZ – Zusatzdüse zur Gemischanreicherung, DP – Einspritzdüse der Beschleunigungseinrichtung, DL – Leerlaufdüse, DLL Leerlaufluftdüse

Abb. 20 Vergaser; 1 – Drosselklappenanschlagschraube, 2 – Leerlaufgemischregelschraube, DL – Leerlaufdüse, DH – Halteschraube mit Hauptdüse

Hauptdüsensystem

Beim Gasgeben und Steigern der Drehzahl liefert die Hauptdüse (DH) den Kraftstoff. Die Hauptluftdüse (DHL) sorgt in Verbindung mit einem Mischrohr für eine Vormischung mit Luft. Etwa bei halber Drosselklappenöffnung wird das Anreicherungsventil (VZ) geöffnet, die Anreicherungsdüse (DZ) liefert dann zusätzlichen Kraftstoff, den der Motor bei hohen Drehzahlen und Belastung braucht.
Das Öffnen des Anreicherungsventils spürt man eventuell als ganz feinen Druckpunkt beim langsamen Niedertreten des Gashebels. Wer so sparsam wie möglich fahren will, sollte sich bemühen, diesen Druckpunkt zu erkennen und nicht zu überschreiten.

Beschleunigerpumpe

Die drei Stufen – Leerlauf, Hauptdüsensystem und Anreicherung – bestimmen die Kraftstoffzufuhr bei gleichbleibenden Drehzahlen und bei sanftem, allmählichen Beschleunigen. Beim schnellen Durchtreten des Gaspedals spritzt die Beschleunigerpumpe über die Einspritzdüse (DP) zusätzlich Kraftstoff ein, den die Pumpe über das unterhalb des Kolbens in das Vergasergehäuse eingeschraubte Ventil ansaugt. Beim allmählichen Niedertreten des Gaspedals fließt der Kraftstoff aus der Pumpe durch die hohlgebohrte Kolbenstange zurück in das Schwimmergehäuse.

Das scharfe Durchtreten des Gaspedals kostet also zusätzlich Kraftstoff. Man sollte es darum möglichst wenig praktizieren.

Startsystem

Für das Starten des kalten Motors sorgt ein automatisch arbeitender Startvergaser. Den üblichen Schockzug ersetzt beim 1000 MB und S 100 bis 1970 eine in die seitliche Kunststoffkappe eingebaute Bimetallfeder, die sich beim Erkalten zusammenrollt und dadurch den Startvergaser öffnet. Das Startgemisch liefern die Startkraftstoffdüse (DS) und die dazugehörige Luftdüse (DSL).
Beim Starten darf kein Gas gegeben werden, sonst wählt die angesaugte Luft den bequemeren Weg an der Drosselklappe vorbei und nicht den Umweg über den Startvergaser. Damit würde der Startvergaser praktisch wirkungslos. Dagegen ist es besonders im Winter vorteilhaft, vor dem Einschalten des Anlassers einige Male das Gaspedal schnell durchzutreten, damit die Beschleunigerpumpe Kraftstoff einspritzt. Der kalte Motor springt dadurch leichter an und läuft auch eher stabil, ohne wieder stehenzubleiben.

Thermostarteinrichtung

Aus dem Kunststoffgehäuse mit der Bimetallfeder saugt der laufende Motor ständig Luft an, die vorher durch die in den Auspuffkrümmer eingelassene

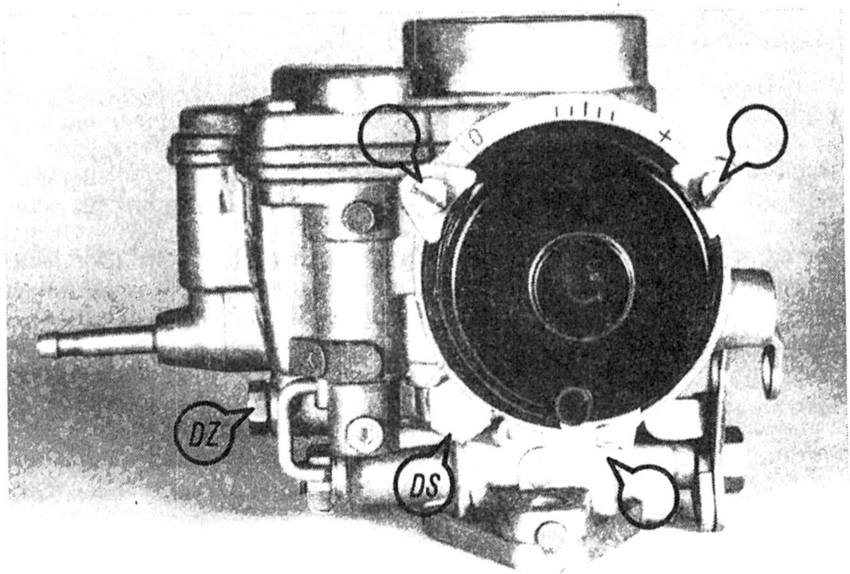

Abb. 21 Vergaser. Nach Lösen der drei Schlitzschrauben (Pfeile) kann die Kunststoffkappe mit der Bimetallfeder verdreht werden; DZ – Zusatzdüse zur Gemischanreicherung, DS – Startkraftstoffdüse

Schleife hindurchströmt. Erwärmen die Auspuffgase die Schleife, so heizt die erwärmte Luft die Bimetallfeder. Dadurch rollt sich die Feder auf und schaltet den Startvergaser aus. Je nach Außentemperatur vergehen etwa drei bis vier Minuten vom Starten bis zum Ausschalten des Startvergasers.
Schaltet sich der Startvergaser zu früh (nach weniger als 3 Minuten) oder zu spät (erst nach mehr als 4 Minuten) aus, so kann das durch Verdrehen der Kunststoffkapsel korrigiert werden. Diese Kapsel – in ihrem Inneren befindet sich die Bimetallfeder – wird von drei Schlitzschrauben gehalten. Sie hat oben eine Markierung, die normalerweise dem mittleren Teilstrich der Skala am Gehäuse gegenübersteht (Abb. 21). Beim Drehen der Kapsel in Richtung 0 wird die Einschaltzeit verkürzt, beim Drehen nach + wird sie verlängert.
Hat diese Korrektur keinen Einfluß auf die Funktion des Startvergasers, so ist entweder die Vergasereinstellung falsch (Leerlaufgemisch, Leerlaufdrehzahl, Kraftstoffniveau) oder die Teile des Startvergasers (Bimetallfeder, Startdrehschieber) klemmen. Das ist meist dann der Fall, wenn man erst an die Kunststoffkapsel klopfen muß, damit sich der Startvergaser ausschaltet.

Startdrehschieber

Läuft der kalte Motor nach dem Anspringen nicht automatisch mit erhöhter Leerlaufdrehzahl, so klemmt der Startdrehschieber (Abb. 22). Die Ursache ist meist ein zu hoher Ölstand im Motor.
Das überschüssige Öl gelangt durch den Entlüftungsschlauch in den Ansauggeräuschdämpfer, wird durch die Wärmeschleife hindurch in den Startvergaser gesaugt und verklebt hier den Startdrehschieber. Die Kraft der Bimetallfeder reicht dann nicht mehr aus, um den Drehschieber zu bewegen. Eine gründliche Reinigung des Startvergasers schafft Abhilfe. Die Schlitzschrauben, mit denen der Startvergaser am Vergasergehäuse befestigt ist, sind nach Abnahme der Kunststoffkappe mit der Bimetallfeder zugänglich (s. Abb. 22).

Startvergaser mit Handbetätigung

Um den Forderungen nach schadstoffarmen Abgasen besser nachkommen zu können, sind die Skoda S 100 ab 1971 mit mechanischem Startvergaser ausgerüstet. Hier ist die Möglichkeit gegeben, den Startvergaser unabhängig von der Betriebstemperatur des Motors auszuschalten. Das ist besonders im Großstadtverkehr günstig, weil hier die Abgastemperatur infolge der ständig bis in den Leerlaufbereich wechselnden Motordrehzahlen niedriger liegt und der automatische Startvergaser später abgeschaltet wird.
Wer einen älteren 1000 MB oder S 100 fährt, kann seinen Vergaser ohne weiteres umrüsten. Dazu sind folgende Arbeitsgänge erforderlich: Luftfilter abbauen, Gasgestänge aushängen, beide Verbindungsrohre zwischen Vergaser und Wärmeschleife entfernen, Vergaser abbauen. Am abgebauten Vergaser wird nun nach dem Entfernen der Kunststoffkappe der komplette Startvergaser demontiert und durch den mechanischen Startvergaser ersetzt. Dabei sollte unbedingt eine neue Dichtung verwendet werden. Der Anschluß des Ver-

Abb. 22 Vergaser. Der Schenkel der Bimetallfeder (S) muß beim Einbau in den Schlitz des Startdrehschiebers (D) eingesetzt werden. Die Bimetallfeder rollt sich bei Erwärmung auf und verstellt den Startdrehschieber in Richtung 0

bindungsrohres wird mit einem Stopfen (Gewinde M 10 × 1) verschlossen. Das Schutzblech unter dem Vergaser wird für die Seilführung nachgearbeitet (Abb. 23). Nun kann der Vergaser mit neuen Dichtungen wieder montiert werden.
Die Wärmeschleife (s. Abb 19) kann im Auspuffkrümmer verbleiben. Sollte sie ausgebaut werden, muß die Bohrung im Auspuffkrümmer mit einem entsprechenden Stahlblech und einer wärmebeständigen Dichtung verschlossen werden. Nach kurzem Betrieb werden die beiden Muttern M 6 nachgezogen.

Starterzug

Den Bowdenzug für die Betätigung des Startvergasers sollte man nach Möglichkeit nicht bis zum Armaturenbrett verlegen, da er durch die große Länge störanfälliger wird. Wir haben deshalb oberhalb der Mittelkonsole vor den hinteren Sitzen eine Bohrung mit 10 mm Durchmesser angebracht und den

Bowdenzug dort anmontiert. Er ist beim Durchgreifen zwischen den Rückenlehnen der Vordersitze für den Fahrer gut erreichbar.
Der Hersteller hat den Bowdenzug für die Betätigung der Heizungsventilatorklappe, die ohnehin fast immer offen bleibt, als Startvergaserzug benutzt (s. Abb. 23). Er ist für den Fahrer noch leichter zu bedienen und erspart das Anbringen eines zusätzlichen Bowdenzuges.
Die Skoda S 100, die vom Werk aus mit dem mechanischen Startvergaser ausgerüstet sind, wurden mit der Startdüse 95 und der Startluftdüse ∅ 4,5 mm bestückt, dagegen die Ausführungen mit automatischem Startvergaser mit der Startdüse 80 und der Startluftdüse ∅ 6 mm.
Sollte nach dem Umrüsten des Startvergasers beim Beschleunigen des Motors ein „Loch" auftreten, so schafft das Auswechseln der Start- und Startluftdüse Abhilfe.

Vergaser reinigen

Zur Reinigung des Vergasers (Abb. 24) genügt es, seinen Deckel, den Hebel, den Schwimmer, die Hauptdüse (DH), die Leerlaufdüse (DL), die Anreicherungsdüse (DZ) und die Startdüse (DS) auszubauen sowie die Kraftstoffleitung zu lösen. Sämtliche Kanäle und Öffnungen sowie Düsen werden mit Preßluft (gegebenen-

Abb. 23 Der mechanische handbetätigte Startvergaser kann auch nachträglich eingebaut werden. Pfeil 1 zeigt den Blechausschnitt, Pfeil 2 den Formschlauch, in dem sich der Thermostat befindet

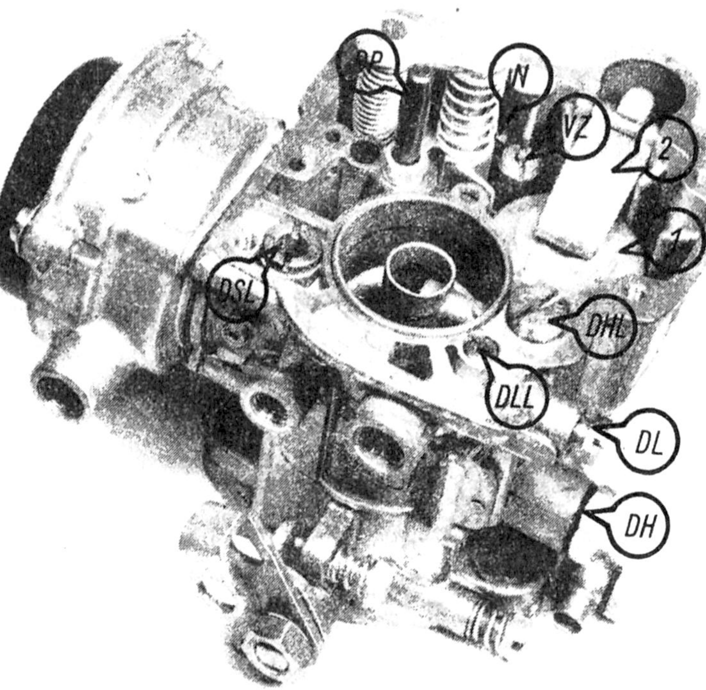

Abb. 24 Vergaser (Schwimmergehäusedeckel abgenommen); 1 – Schwimmer, 2 – Hebel, N – angegossener Absatz zur Niveaukontrolle, VZ – Ventil zum Einschalten der Zusatzdüse, DP – Spritzdüse zur Anreicherung beim Beschleunigen, DHL – Hauptluftdüse mit Mischrohr, DLL – Leerlaufluftdüse, DSL – Startluftdüse, DL – Leerlaufdüse, DH – Halteschraube mit Hauptdüse

falls mit der Luftpumpe) durchgeblasen. Beim Zusammenbau darf keine Dichtung vergessen werden. Sämtliche Verschraubungen, Düsen usw. sind einwandfrei festzuziehen.
Das Schutzblech unter dem Vergaser muß immer trocken sein. Ist darauf eine Benzinpfütze zu sehen, so ist der Vergaser an irgendeiner Stelle undicht. In diesem Fall hilft schon das Nachziehen sämtlicher Schrauben und Düsen.

Vergaser einstellen

Grundvoraussetzung für das Einstellen des Vergasers ist die einwandfreie Einstellung und Funktion der Zündanlage (s. Abschnitt „Zündanlage") und der Ventile (s. Abschnitt „Ventile einstellen").
Zum Einstellen des Vergasers (s. Abb. 19) dienen die beiden Regulierschrauben. Da Kraftstoff Geld kostet, während der Motor die angesaugte Luft umsonst bekommt, sollte die Leerlaufgemischregulierschraube – sie ist in diesem Falle

der „Benzinhahn" – nicht weiter als unbedingt nötig geöffnet werden (linksherum drehen bedeutet mehr Gemisch, rechtsherum drehen vermindert den Kraftstoffanteil). Bei der Einstellung – der Motor muß dazu betriebswarm sein – dreht man diese Schraube zunächst rechtsherum, bis der Motor anfängt unrund oder wesentlich langsamer zu laufen. Dann wird die Gemischregulierschraube wieder ganz wenig nach links gedreht, bis der Motor gerade einwandfrei gleichmäßig läuft. Jetzt verändert man durch Drehen der Drosselklappenanschlagschraube ein wenig Luftmenge und Leerlaufdrehzahl und probiert, ob sich die Gemischregulierschraube noch weiter schließen läßt. Mitunter muß man mehrmals probieren, um die günstigste Einstellung zu finden, bei der der Motor mit der geringsten Kraftstoffmenge bei normaler Leerlaufdrehzahl gleichmäßig läuft. Die Einstellung des Leerlaufes beeinflußt nicht nur den Leerlauf selbst, sondern auch den Übergang und die Gemischzusammensetzung in höheren Drehzahlen.

Kraftstoffniveau

Das einwandfreie Funktionieren des gesamten Vergasers hängt wesentlich vom Kraftstoffniveau in der Schwimmerkammer ab. Es soll 19 bis 21 mm unterhalb der Dichtfläche des Gehäuses liegen. Der in Abbildung 24 mit N bezeichnete angegossene Absatz liegt in der vorgeschriebenen Höhe und dient zur Kontrolle. Steht das Niveau nicht in dieser Höhe, obwohl der Schwimmer in Ordnung ist und das Schwimmernadelventil den Kraftstoffzufluß dicht verschließt, so kann der Hebel über dem Schwimmer entsprechend nachgebogen werden. Dazu nimmt man ihn nach Herausschrauben seiner Achse heraus.

Luftfilter

Bei starker Verschmutzung des Luftfiltereinsatzes erhöht sich nicht nur der Kraftstoffverbrauch, sondern auch der Ölverbrauch des Motors, weil in diesem Falle die Öldämpfe über den Schlauch der Kurbelgehäuseentlüftung regelrecht angesaugt werden und durch den Vergaser in die Verbrennungsräume gelangen. Deshalb ist es unerläßlich, den Zustand des Luftfilters in bestimmten Abständen zu kontrollieren.
In der Bedienungsanleitung ist beim Befahren staubfreier Straßen ein Wechselintervall von 20 000 km angegeben. Die Möglichkeit, 20 000 km auf staubfreien oder staubarmen Straßen fahren zu können, ist nach unserer Meinung kaum gegeben. Wir empfehlen darum, den Luftfiltereinsatz beim Ölwechsel bzw. bei anderen Wartungsarbeiten mit zu kontrollieren und, wenn erforderlich, zu erneueren. Das Ausblasen eines mit Staub angereicherten Filtereinsatzes ist immer nur ein Teilerfolg, da die angesaugten Öldämpfe die Staubanteile in den Filterfalten binden.
Hohe Luftfeuchtigkeit bzw. das Befahren nasser Straßen führen zum Quellen des Luftfiltereinsatzes. Er wird dann auch am Außenmantel faltig. Solche faltig gewordenen Filtereinsätze (Abb. 25) sollten erneuert werden, da hier ebenfalls die erforderliche Luftdurchlässigkeit nicht mehr gewährleistet ist.

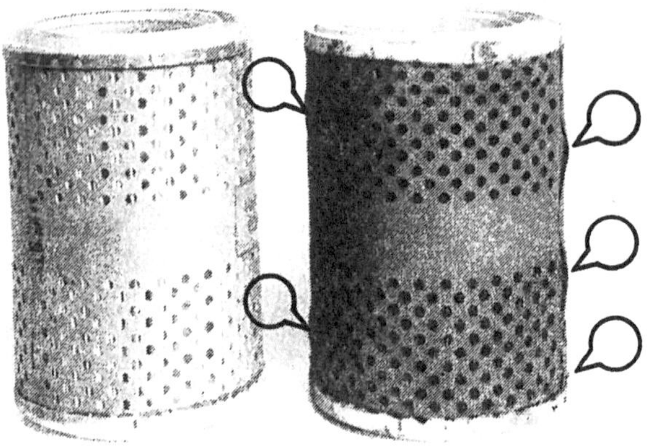

Abb. 25
Der faltig oder wellig gewordene Außenmantel kennzeichnet den verbrauchten Luftfilter (rechts)

Die im Handel erhältlichen Naßluftfilter (Metallfilter) sind zwar nach dem Auswaschen mit Benzin und Benetzen mit Öl immer wieder verwendbar, ihre Filterwirkung ist jedoch gegenüber den Papierfiltern weitaus schlechter. Sie sind für eine Umrüstung deshalb auch nur bei hoher Luftfeuchtigkeit, beim Fahren auf überwiegend nassen Straßen, also im Winterhalbjahr, zu empfehlen.

Gaszug

Der Gaszug – die Verbindung zwischen Gaspedal und Gestänge am Motor – sollte in gewissen Zeitabständen nachgeschmiert werden, um seine Leichtgängigkeit zu erhalten. Nach unserer Erfahrung genügt es, wenn man im Rahmen der üblichen Wartungsarbeiten den Gaszug am Motor (Abb. 26) mit

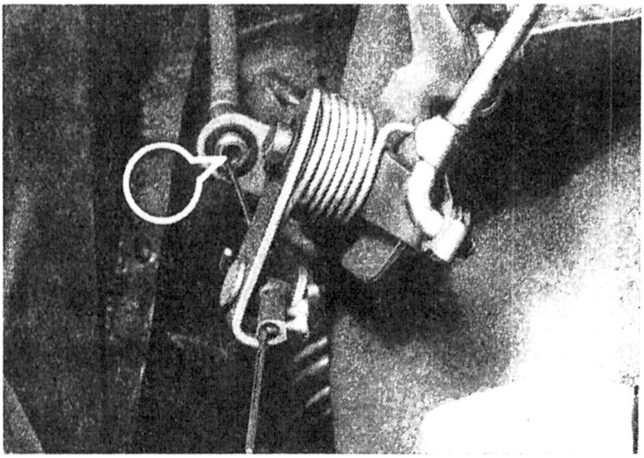

Abb. 26
Der Gaszug erfordert regelmäßig Schmierung

einigen Tropfen Öl versieht. Durch seine ständige Bewegung gelangt das Öl in den ganzen Gaszug (Hülle).
Die Leichtgängigkeit des Gaszuges ist auch für eine exakte Vergasereinstellung wichtig.
Auch bei guter Pflege kommt es vor, daß der Gaszug reißt. In den meisten Fällen reißt dabei nur ein kurzes Stück ab, und man kann ihn durch Nachschieben noch einmal verwenden. Dazu muß das Lager des Gaspedals, das mit zwei Senkschrauben am Mitteltunnel befestigt ist, vom Mitteltunnel abgeschraubt werden.
Der Hersteller montiert einen genügend langen Zug, so daß er vielfach nach dem ersten Bruch noch ausreicht. Ist er aber doch zu kurz, kann man sich mit einer Lüsterklemme behelfen und das abgebrochene Stück damit befestigen. Dabei sollte die Klemme aber so nahe wie möglich am Hebel montiert werden, damit der Weg des Gaszuges und die Öffnung der Drosselklappe nicht von der Klemme begrenzt werden.

Beim Auswechseln des Gaszuges genügt es meist, nur den Draht zu erneuern. Er wird am günstigsten vom Motor aus in die Hülle geschoben und dann am Gasfußhebel befestigt. Am Hebel des Gasgestänges wird er mit dem Klemmstück so eingestellt, daß beim Gaswegnehmen das Gasgestänge bis zum Anschlag der Drosselklappenschraube zurückgeht und möglichst kein toter Gang am Gasfußhebel vorhanden ist.
Reißt ein Gaszug einmal unter ungünstigen Bedingungen (nachts, starker Regen usw.) und eine Reparatur erscheint fast unmöglich, kann man sich mit einem „erhöhten Leerlauf" bis zur nächsten Beleuchtungsquelle oder Unterstellmöglichkeit weiterhelfen. Dazu wird die Drosselklappenanschlagschraube (Nr. 1 in Abb. 20) so weit angezogen, daß der Wagen im 2. Gang gefahren werden kann. Dabei heult der Motor allerdings auf, wenn er ohne Belastung (ausgekuppelt) läuft.

Behelfstank

Bei Störungen in der Kraftstoffzufuhr, die unterwegs nicht zu beheben sind (z. B. eingefrorene Leitung, Leitungsbruch), kann man sich mit einem etwa 2 m langen Plast- oder Gummischlauch mit 6 mm Innendurchmesser und mit dem Reservekanister weiterhelfen. Dazu eignet sich am besten ein 5-Liter-Kanister, weil er sich im Wagen gut unterbringen läßt.
Die „Hilfsleitung" wird bis auf den Grund des Kanisters getaucht und am Stutzen gegen ein Verrutschen gesichert. Es genügt, wenn man sie mit Draht oder Schnur am Einfüllstutzen festbindet. Ist die Kraftstoffpumpe in Ordnung, wird der Ansaugschlauch von der Pumpe getrennt und die vom Kanister kommende Leitung angeschlossen (Abb. 27 oben). Bei Ausfall der Kraftstoffpumpe fährt man mit „Fallbenzin", d.h. die Leitung wird direkt am Vergaser (Abb. 27 unten) angeschlossen. Hierzu ist allerdings erforderlich, daß der Behelfstank höher liegt als der Vergaser.
Wir halten für das Unterbringen des 5-Liter-Kanisters die hintere Ablage für die geeignetste Stelle. Bei den Typen 1000 MB und S 100 bis Baujahr 1971 führt man die Leitung der Einfachheit halber zum Ausstellfenster hinaus und an der

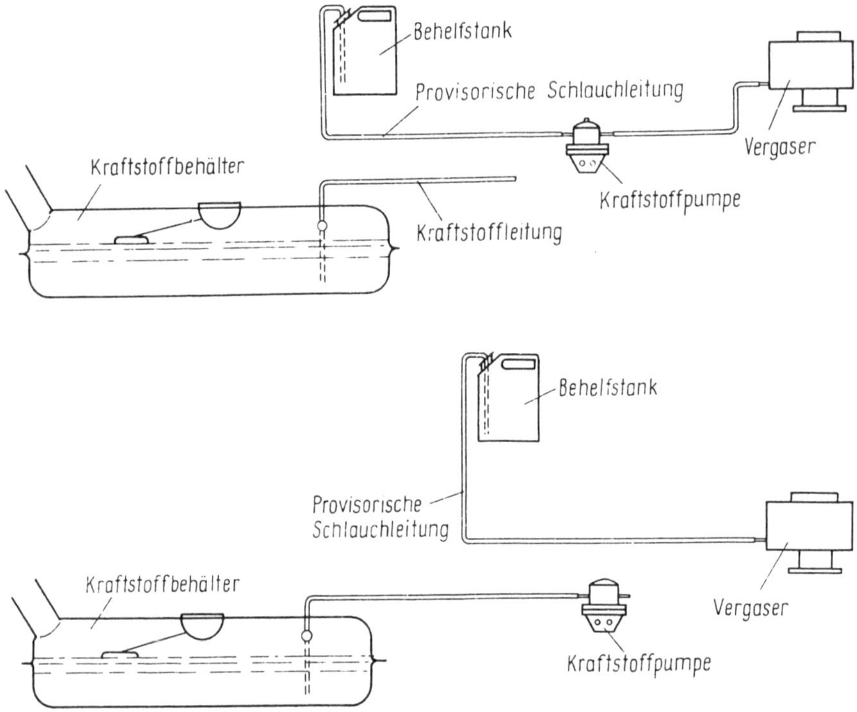

Abb. 27 Anschluß des Behelfstanks an der Kraftstoffpumpe (oben) und am Vergaser (unten)

Motorhaube oder durch das Heckgitter hindurch zum Anschlußstutzen der Kraftstoffpumpe oder des Vergasers. Bei den neueren Typen, bei denen sich das hintere Türfenster nicht mehr öffnen läßt, kann die Schlauchleitung nach Abnahme des mittleren Deckels am Gaszug entlang zum Vergaser oder zur Kraftstoffpumpe geführt werden.
Vor dem Anschließen des Schlauches an den Vergaser muß der Kraftstoff natürlich angesaugt werden (mit einer Luftpumpe, am besten Fußballpumpe, deren Manschette umgedreht wurde).

Zündanlage

Wie Abbildung 28 zeigt, fließt bei eingeschalteter Zündung vom Pluspol der Batterie über das Zündschloß (Klemmen 30 und 15) Strom durch die Primärwicklung P der Zündspule (Klemmen 15 und 1) zum Unterbrecher, dessen vom Nocken bewegter Kontakt die Masseverbindung ein- und ausschaltet. Das

Zündschloß, im Schaltbild in ausgeschaltetem Zustand gezeichnet, besteht beim 1000 MB aus zwei, beim S 100 aus drei miteinander verbundenen Einzelschaltern. Die Zündung ist über Klemme 15 geschaltet, an Klemme 50 ist der Anlasser, an Klemme P beim S 100 die Parkschaltung angeschlossen.
Das Schaltbild (Abb. 28) gilt für den 1000 MB und den S 100 neueren Baujahres. Bei den ersten S 100 wurde die Zündung automatisch ausgeschaltet, wenn man die Warnblinkanlage einschaltete. Die Leitungsführung vom Zündschloß über die Steckleiste am Armaturenbrett und den Warnblinkschalter zur Zündspule zeigt das linke Teilschaltbild. Zwischen den Anschlüssen 8 und 9 des Warnblinkschalters liegt der Schalter, der die Zündung beim Einschalten der Warnanlage unterbricht.
Der bei eingeschalteter Zündung durch die Primärwicklung fließende Strom erzeugt im Spulenkern ein Magnetfeld, das beim Ausschalten, also beim Öffnen der Unterbrecherkontakte, zusammenbricht. Dabei entsteht in der Sekundärwicklung S die Hochspannung (12 000 bis 15 000 V), die von den dick isolierten Zündkabeln zum Verteiler und zu den Zündkerzen geleitet wird. Der parallel zum Unterbrecher angeschlossene Kondensator unterdrückt die Funkenbildung an den Kontakten und verstärkt die Zündfunken an den Zündkerzen.

Verteiler

Der Verteiler wirkt als ein vom Motor angetriebener Umschalter, der die Hochspannung in regelmäßiger Folge an eine der zu den Zündkerzen führenden

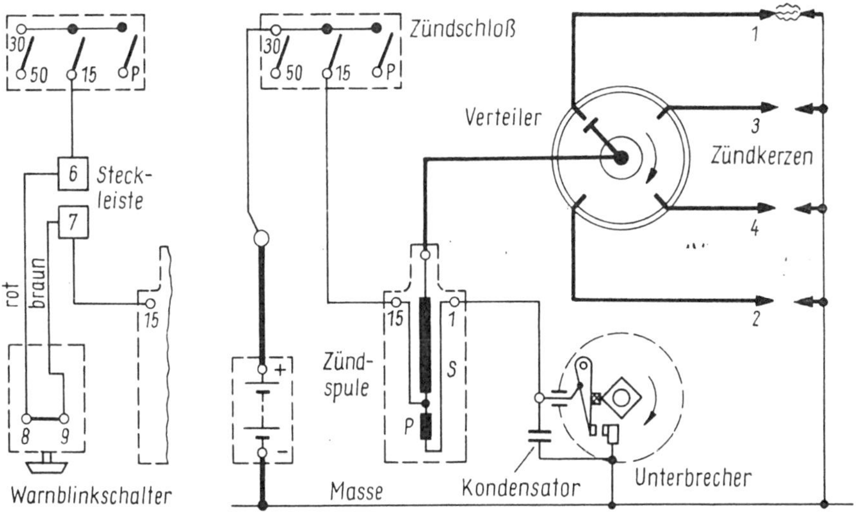

Abb. 28 Schaltplan der Zündanlage. Das linke Teilschaltbild zeigt die Leitungsführung bei den ersten S 100, Baujahr 1970, bei denen die Zündung beim Einschalten der Warnblinkanlage unterbrochen wurde

Leitungen schaltet. Das Umschalten bzw. Verteilen der Hochspannung übernimmt der auf der Verteilerwelle montierte Kontaktfinger (s. Abb. 11). Die Hochspannung wird ihm vom mittleren Anschluß der Verteilerkappe über eine federnde Schleifkohle zugeführt. Zwischen dem Ende des Fingers und den vier in gleichem Abstand vom Mittelpunkt in der Verteilerkappe angeordneten Kabelanschlüssen besteht keine direkte Verbindung. Die Hochspannung überspringt den geringen Luftspalt zwischen dem Finger und dem Kontakt, in dessen Nähe der Finger gerade steht.
Die Teile aus Isoliermaterial, die Verteilerkappe und der Verteilerläufer, müssen stets sauber und trocken sein und dürfen keine Risse, Kratzer usw. haben, sonst überspringt die Hochspannung nicht den Luftspalt, sondern wählt den Weg des geringsten Widerstandes zum nächstgelegenen Metallteil. Das gilt auch für die dicken Zündkabel und für die Kerzenstecker, in denen sich die Entstörwiderstände befinden. Diese Widerstände können nach Abschrauben des Steckers vom Kabel und Herausschrauben des Metallteils, dessen Spitze den Kontakt zu den Adern des Kabels herstellt, herausgenommen werden. Zündungsfehler sind jedoch an dieser Stelle sehr selten.

Fliehkraftregler

Im Verteiler befindet sich unterhalb der Kontaktplatte der Fliehkraftregler (Abb. 29), der für die der jeweiligen Motordrehzahl entsprechende Frühzündung sorgt. Mit zunehmender Motordrehzahl spreizen sich die Fliehgewichte und verdrehen den Unterbrechernocken in Richtung Frühzündung. Nimmt die Drehzahl ab, so werden sie durch die Zugfedern wieder in die Ausgangsstellung gebracht.

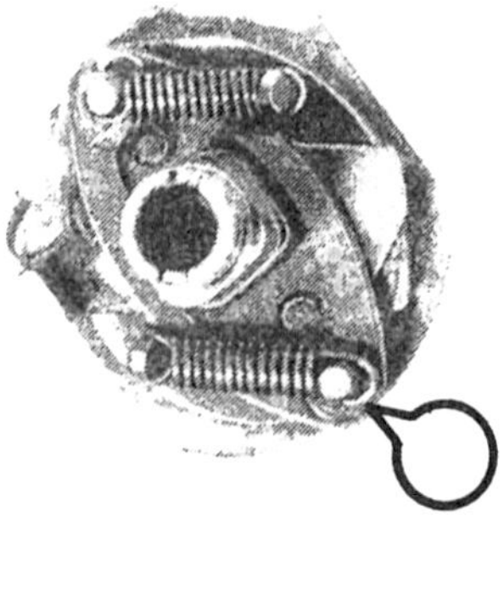

Abb. 29
Eine der beiden Zugfedern am Fliehkraftversteller hat in der Ruhelage ein bestimmtes Spiel, so daß ihre Zugkraft erst bei höheren Drehzahlen wirkt. Diese Einstellung darf nicht verändert werden.

Unterdruckzündversteller

Zur besseren Beschleunigung des Motors, besonders aus niedriger Drehzahl heraus, dient der Unterdruckzündversteller, der außen am Verteilergehäuse montiert und durch ein Gestänge mit der beweglichen Unterbrechergrundplatte

Abb. 30 Verteiler; A – Unterbrecheranschluß, B – Masseanschluß des Unterbrechers, S Schlitz-schraube, die zur Einstellung des Kontaktabstandes gelöst werden muß, 1 – Anschluß-schraube des zur Zündspule (Klemme 1) führenden Kabels, 2 – Markierung für die Stel-lung des Verteilerläufers, wenn der Kolben des 1. Zylinders etwa im Zündzeitpunkt steht, 3 – Unterbrecherkontakte, 4 – Kondensator, 5 – Schmierfilz am Nocken, 6 – Schmierfilz innerhalb der Nockenwelle, 7 – Anschluß der Unterdruckverstellung

verbunden ist (Abb. 30). Die Unterdruckleitung führt zum Vergaser. Die Einstellung des Unterdruckzündverstellers wird vom Herstellerwerk durchgeführt und bedarf keiner Regulierung.

Unterbrecherkontakte

Auch die Unterbrecherkontakte halten nicht ewig, ihre Kontaktflächen zerklüften durch Abbrand und Kontaktwanderung, und die am Nocken anlaufende Kunststoffnase nutzt sich ab. Nach etwa 20 000 km sind neue Kontakte erforderlich.

Beim Auswechseln der Kontakte ist zu beachten, daß der Anschluß des beweglichen Kontaktes keine Verbindung zur Masse haben darf. Die seitlich im Verteilergehäuse sitzende Anschlußschraube, an der das von der Zündspule (Klemme 1) kommende Kabel endet, ist gegenüber Masse mit Kunststoffscheiben isoliert. Die Scheiben dürfen nicht durch Metallscheiben ersetzt oder in ihrer Reihenfolge vertauscht werden.
Das isolierte, in Abbildung 30 mit A bezeichnete Kabel sowie die nicht isolierte Masseverbindung B auf der gegenüberliegenden Seite sind während der Fahrt vielen Biegebeanspruchungen ausgesetzt. Man muß damit rechnen, daß hier einmal ein Kabel bricht und sollte deshalb eine Ersatzleitung im Wagen haben. Das Leitungsmaterial muß aber aus leichtbeweglicher Litze bestehen, Festdraht würde sehr schnell brechen.

Widerstandszündleitungen

Die 1000 MB der letzten Baujahre und die S 100 sind mit Widerstandszündleitungen ausgerüstet. Hier sind die gesamten Zündkabel als Entstörwiderstand ausgebildet. In den Kerzensteckern befinden sich darum keine zusätzlichen Entstörwiderstände. Diese Widerstandszündleitungen können nur komplett ausgetauscht werden.

Zündkerzen

Mit den Zündkerzen gibt es beim Skoda-Motor verhältnismäßig wenig Ärger, wenn der vorgeschriebene Elektrodenabstand von 0,7 bis 0,85 mm eingehalten wird. Etwa nach 5000 km sollte der Abstand kontrolliert und – wenn nötig – durch Biegen der Masseelektrode nachgestellt werden. Nach 10 000 km ist es ratsam, die Zündkerzen zu erneuern, auch wenn sie noch zufriedenstellend arbeiten. Ihre Porzellanisolatoren haben nach dieser Laufzeit durch die ständig wechselnden Temperaturen schon zahlreiche feine Risse, in denen sich Verbrennungsrückstände ansetzen, die das Bilden von Kriechströmen sehr begünstigen. Dadurch wird der Zündfunken geschwächt, und der Kraftstoffverbrauch steigt.

Wärmewert

Um den unterschiedlichen thermischen Beanspruchungen im Fahrbetrieb gewachsen zu sein, müssen die Zündkerzen den richtigen Wärmewert besitzen. Bei zu hohem Wärmewert erreichen sie besonders im Kurzstreckenbetrieb nicht ihre Selbstreinigungstemperatur und verrußen. Die Folgen sind Startschwierigkeiten und Zündaussetzer. Bei zu niedrigem Wärmewert werden sie thermisch überbelastet. Die Elektroden verzundern und zeigen Schweißperlen, der Isolator bekommt Risse. Die weiteren Folgen wären Glühzündungen, verbrannte Ventile und sogar Kolbenschäden. Das Herstellerwerk hat für die Typen 1000 MB und S 100 Zündkerzen der Type Pal Super 14–7 montiert. Sie haben einen Wärmewert von 225. Werden die Originalzündkerzen gewechselt, so müssen wieder solche mit einem Wärmewert von 225 (z. B. Isolator M 14–225) verwendet werden.

Zündzeitpunkt

Bevor der Zündzeitpunkt kontrolliert wird, muß zunächst der Abstand der Unterbrecherkontakte genau eingestellt werden. Bei zu großem Abstand ergibt sich nämlich mehr Frühzündung, während durch die im Laufe des Betriebes eintretende Abnutzung der am Nocken anlaufenden Kunststoffnase eine Verkleinerung des Kontaktabstandes und damit eine Verschiebung des Zündzeitpunktes in Richtung Spätzündung eintritt. Deshalb ist es notwendig, den Abstand der Unterbrecherkontakte mindestens alle 5000 km zu kontrollieren.

Unterbrecherkontakte einstellen

Zur Kontrolle oder Regulierung des Abstandes der Unterbrecherkontakte wird die Kurbelwelle so weit gedreht, bis der Kontaktfinger des Verteilerläufers etwa in Richtung der Markierung am Verteilergehäuse zeigt (s. Abb. 11) und die Unterbrecherkontakte am weitesten geöffnet sind. Mit einer Blattlehre prüft man nun den Kontaktabstand. Die Lehre soll sich leicht zwischen die Kontakte schieben lassen, sie darf weder klemmen noch klappern.
Die Bedienungsanleitung gibt einen Kontaktabstand von 0,4 bis 0,5 mm an. Man sollte sich für einen der beiden Abstände entscheiden und diesen bei jeder Nachstellung beibehalten, damit unterschiedliche Zündzeitpunkte vermieden werden. Wir stellen grundsätzlich 0,4 mm ein, weil dabei der Schließwinkel – das ist der Winkel, bei dem die Unterbrecherkontakte geschlossen sind – größer ist. Dadurch steht der Zündspule mehr Zeit zur Verfügung, ihr Magnetfeld aufzubauen, und der Zündfunke fällt auch bei hohen Drehzahlen kräftiger aus.
Bei der Einstellung des Kontaktabstandes wird nur die in Abbildung 30 mit S bezeichnete Schraube gelöst. Der feststehende Unterbrecherkontakt kann dann gegenüber der Grundplatte verschoben und im entsprechenden Abstand zum beweglichen Kontakt eingestellt werden. Nach dem Anziehen der Schlitzschraube verstellt sich der Abstand manchmal etwas und muß deshalb nochmals kontrolliert werden.

Zündzeitpunkt einstellen

Zur Kontrolle des Zündzeitpunktes wird eine Prüflampe mit einem Anschluß an Masse und mit dem anderen an Klemme 1 der Zündspule oder an den seitlichen Kabelanschluß am Verteilergehäuse angeklemmt (s. Abb. 11). Bei eingeschalteter Zündung leuchtet die Lampe bei geöffneten Unterbrecherkontakten. Nun dreht man die Kurbelwelle rechtsherum, bis der Kontaktfinger des Verteilerläufers parallel zur Wagenlängsachse steht und in Fahrtrichtung nach vorn zeigt. Von dieser Stellung aus wird ganz langsam weitergedreht, bis die Prüflampe gerade aufzuleuchten beginnt. In diesem Moment erzeugt die Zündspule den für den Zylinder bestimmten Zündfunken. Die Zündung ist richtig eingestellt, wenn beim Aufleuchten der Lampe die Kerbe an der Keilriemenscheibe dem zweiten Strich (von rechts) der Skala am Gehäusedeckel gegenübersteht (Abb. 31).

Bei dieser Kontrolle muß die Kurbelwelle immer rechtsherum gedreht werden, niemals linksherum, sonst kann das Spiel im Verteiler- und Nockenwellenantrieb die Einstellung verfälschen. Wurde versehentlich ein Stück zu weit gedreht und der Zündzeitpunkt verpaßt, so darf nicht rückwärts (nach links) gedreht werden. Die Kurbelwelle ist dann zwei Umdrehungen rechtsherum weiterzudrehen.

Stimmt die Zündeinstellung nicht, so wird die Kerbe an der Keilriemenscheibe dem zweiten Skalenstrich von rechts (s. Abb. 31) gegenübergestellt. Der Kontaktfinger des Verteilerläufers muß dabei in Richtung der Markierung (Kerbe) am Verteilergehäuse zeigen (s. Abb. 30). Die Klemmschraube der Verteilerbefestigung (Abb. 32) wird nun gelöst und das gesamte Verteilergehäuse etwa eine

Abb. 31
Skala am Motorgehäuse zur Einstellung des Zündzeitpunktes. Die Kerbe an der Keilriemenscheibe (Pfeil) wird dabei dem zweiten Skalenstrich von rechts (5° Vorzündung) gegenübergestellt

Abb. 32 Verteiler; 1 – Verteilerkappe, 2 – Unterdruckzündverstellung, 3 – Schlauchverbindung, 4 – Klemmschraube der Verteilerbefestigung

Achtelumdrehung rechtsherum gedreht. Anschließend dreht man den Verteiler ganz langsam nach links, bis die angeklemmte Prüflampe gerade aufzuleuchten beginnt, und zieht in dieser Stellung die Klemmschraube der Verteilerbefestigung wieder fest. Zum Schluß wird nochmals die Kurbelwelle rechtsherum gedreht und der Zündzeitpunkt des ersten Zylinders, wie beschrieben, kontrolliert. Die Zündzeitpunkte der anderen Zylinder stimmen dann automatisch. Eingestellt wird immer nur der erste Zylinder!
Damit wäre die Zündung grob eingestellt. Der Motor läuft damit auch. Die Einstellung muß aber nicht unbedingt die günstigste und wirtschaftlichste sein. Die günstigste Einstellung hängt weitgehend von der Klopffestigkeit des Kraftstoffes ab und kann deshalb nur bei einigen Probefahrten ermittelt werden. Voraussetzung dazu ist, daß der Motor erst einmal warmgefahren wird und seine richtige Betriebstemperatur hat. Dann beobachtet man sein Verhalten beim Beschleunigen. Klingelt er beim Gasgeben stark, so steht die Zündung ein wenig zu früh. Die Klemmschraube am Verteiler wird dann gelöst und der Verteiler rechtsherum gedreht. Klingelt der Motor überhaupt nicht, so steht die Zündung zu spät, und der Verteiler wird linksherum gedreht.

Der Ausdruck „Drehen" ist für diese Feineinstellung maßlos übertrieben. Tatsächlich handelt es sich nur um Bruchteile einer Umdrehung, die – am Umfang des Verteilergehäuses gemessen – höchstens 1 bis 2 mm betragen. Man sollte den Verteiler dabei gar nicht mit der Hand drehen, sondern mit einem Schraubenziehergriff nur leicht an die Unterdruckdose schlagen, so daß sich der Verteiler gerade merklich im Sinne der gewünschten Drehrichtung bewegt.
Die günstigste Einstellung ist die, bei der der Motor beim scharfen Beschleunigen (zum Beispiel im 4. Gang bei 40 bis 50 km/h) leicht klingelt. Meist sind jedoch mehrere Probefahrten und Korrekturen erforderlich, um diese optimale, gerade an der Klingelgrenze liegende Zündeinstellung zu finden. Mit dieser Einstellung läuft der Motor am sparsamsten und hat die beste Leistung. Steht die Zündung zu früh und der Motor klingelt bei jedem Antippen des Gaspedals stark, so werden Kolben und Kurbeltrieb überlastet, und die Motorleistung sinkt erheblich ab. Bei zuviel Spätzündung – der Motor klingelt dann nicht – sinkt die Leistung, und der Motor wird überhitzt. Dabei treten häufig Glühzündungen auf, und bei höheren Drehzahlen sind vor allem die Auslaßventile gefährdet.

Glühzündungen

Besonders bei Kraftstoffen mit niedriger Oktanzahl neigen die Skoda-Motoren zu Glühzündungen, d. h. sie laufen nach dem Ausschalten der Zündung mit harten Klopfgeräuschen weiter. Treten diese Erscheinungen auch bei Kraftstoffen mit der vorgeschriebenen Oktanzahl auf, stimmt die Motoreinstellung nicht (Ventile, Vergaser oder Zündung) und muß korrigiert werden. Schon ein zu hoch eingestellter Leerlauf kann zu Glühzündungen führen. Sind trotz einwandfreier Motoreinstellung und richtigem Kraftstoff die Glühzündungen immer noch vorhanden, sollte die Wassertemperaturanzeige auf ihre Genauigkeit überprüft werden (am besten probeweise auswechseln).

Zündstörungen

Bei Störungen an der Zündanlage klemmt man die Prüflampe an Masse und an Klemme 15 der Zündspule an. Hier muß bei eingeschalteter Zündung Strom vorhanden sein. Ist das nicht der Fall, so liegt der Fehler im Kabel zum Zündschloß (Klemme 15) oder im Zündschloß selbst. Leuchtet die Lampe an Klemme 30 des Schlosses und an Klemme 15 nicht (Zündung eingeschaltet), so ist der Schalter defekt. Durch Überbrücken der beiden Klemmen kommt man weiter.
Ist bis zur Zündspule alles in Ordnung, wird die Lampe an Klemme 1 der Spule oder seitlich am Verteileranschluß angeklemmt. Hier leuchtet sie nur bei geöffneten Unterbrecherkontakten. Beim Durchdrehen der Kurbelwelle geht sie regelmäßig an und aus. Vor dem Drehen ist das dicke Zündkabel aus der Spule herauszuziehen oder die Verteilerkappe abzunehmen, damit der Motor nicht plötzlich anspringen kann.
Leuchtet die Lampe an Klemme 1 ständig, so schließen sich die Unter-

brecherkontakte nicht völlig (Schmutz zwischen den Kontakten, Hebel klemmt) oder die Stromzufuhr zum Unterbrecher ist unterbrochen (Kabelbruch zwischen Verteiler und Zündspule oder bei einer der flexiblen Leitungen im Innern des Verteilergehäuses). Leuchtet die Lampe nicht, so öffnen sich die Unterbrecherkontakte nicht (Kunststoffnase abgenutzt), die flexible Leitung zur Unterbrecherfeder hat Masseberührung (schadhafte Isolierung) oder der Kondensator ist defekt (probeweise abklemmen).
Seltener sind Fehler im Hochspannungsteil der Zündspule. Die Zündkabel rutschen jedoch gern am Verteiler und an der Spule teilweise aus ihren Steckbuchsen heraus. Durch Auseinanderspreizen der Kontaktfahnen wird die Steckverbindung wieder etwas fester.
Ein schadhafter Kondensator muß nicht immer völlig durchschlagen, er kann im Leerlauf und bei mittleren Drehzahlen einwandfrei arbeiten. Erst bei höheren Drehzahlen verursacht er Zündaussetzer, die sich ähnlich äußern können wie Kraftstoffmangel (Nachlassen der Leistung, Patschen im Vergaser).

Auspuffanlage

Die Auspuffanlage erfordert außer der Kontrolle der Befestigungen keinerlei Wartung. Die Anlage ist vom Herstellerwerk auf den Motor in bezug auf Geräuschdämpfung, Wärmeableitung und Motorleistung abgestimmt. Änderungen an der Auspuffanlage (größeres Endrohr, zwei Endrohre oder ähnliches) erhöhen nicht nur den Geräuschpegel, sondern mitunter auch den Kraftstoffverbrauch. Oftmals verschlechtert sich durch solche Änderungen auch die Motorleistung. Aus diesem Grunde ist von solchen Manipulationen abzuraten.

Kühlung und Heizung

Den prinzipiellen Aufbau des Kühlsystems zeigt Abbildung 33.
Nach dem Starten des kalten Motors fließt das von der Wasserpumpe geförderte Kühlwasser zunächst nur durch den Motorblock und dann über die mit a bezeichnete Kurzschlußleitung wieder zur Wasserpumpe. In diesem Kreislauf findet keine Kühlung statt. Das umlaufende Wasser erwärmt sich dadurch sehr schnell, und der Motor erreicht in verhältnismäßig kurzer Zeit die notwendige Betriebstemperatur. Bei etwa 82 °C öffnet der Thermostat den Wasserzufluß zum Kühler, bei etwa 90 °C ist dieses Ventil voll geöffnet. Die Wasserpumpe saugt nun aus der dicken, mit b bezeichneten Leitung das Wasser aus dem Kühler an, befördert es in den Motorblock und durch das geöffnete Ventil des Thermostats zurück zum Kühler. Da die Querschnitte der mit b bezeichneten Schlauchleitungen dieses Hauptkreislaufes viel größer sind als die des Kurzschlußkreislaufes a, fließt die weitaus größere Wassermenge durch den Kühler und wird dort vom Luftstrom des Ventilators gekühlt. Wird der Heizwasserhahn

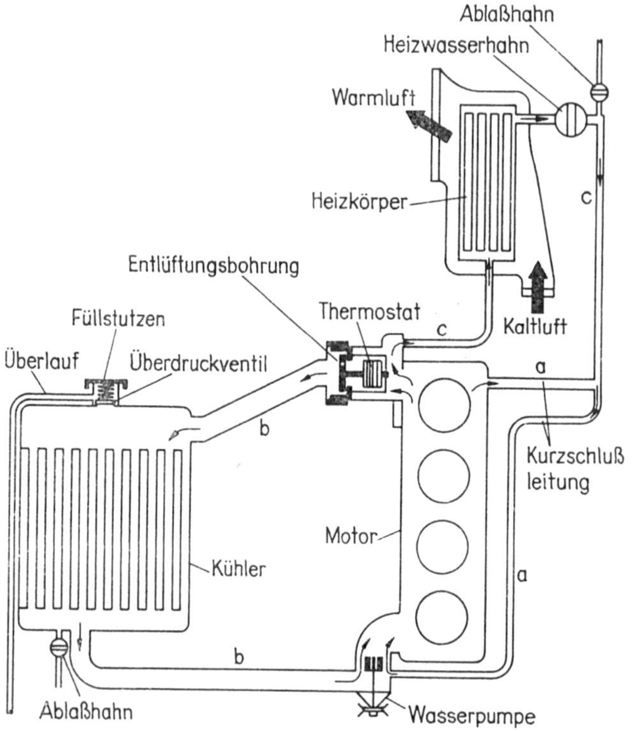

Abb. 33
Kreisläufe des Kühl- und Heizungssystems,
a – Kurzschlußleitung,
b – Kühlerkreislauf,
c – Heizungskreislauf

geöffnet (mit dem kleineren der beiden Stellhebel auf dem Mitteltunnel zwischen den Sitzen), so fließt ein Teil des im Motorblock erwärmten Wassers durch die Leitung c in den Heizkörper und über die Kurzschlußleitung wieder zurück zur Wasserpumpe.
Der Heizkörper ist nichts anderes als ein kleiner Kühler, dessen Wasser durch den vom Heizgebläse erzeugten Luftstrom gekühlt wird. Dabei erwärmt sich die kalte Gebläseluft und heizt den Innenraum. Bei geschlossenem Heizwasserhahn steht das Wasser in den Leitungen still. Es bleibt dann kalt, weil es mit der Wärmequelle „Motor" nicht in Berührung kommt. Mit dem Heizgebläse kann deshalb im Sommer auch kühlende Frischluft in den Innenraum geleitet werden.

Betriebstemperatur

Nach dem Starten wird der Motor am schnellsten warm, wenn der Heizwasserhahn anfangs geschlossen bleibt. Erst etwa bei 60 °C Kühlwassertemperatur sollte die Heizung eingeschaltet werden. Bei etwa 75 °C erreicht der Motor den Bereich der Betriebstemperatur. Bei niedrigen Außentemperaturen wird die Wassertemperatur kaum über 75 °C ansteigen. Speziell beim Typ 1000 MB, der mit einem Alkoholthermometer ausgerüstet ist, wird die Temperatur sehr niedrig angezeigt. Dabei ist das Kühlwasser anfangs wärmer, als vom Anzeigegerät angezeigt wird. Das liegt an der langen Rohrleitung vom Thermofühler im Motorblock bis zum Anzeigegerät. Bei längeren Fahrten und intensiver Heizung des Innenraumes ergibt sich nach einigen Stunden auch im Winter eine ähnliche Temperaturanzeige wie im Sommer.

Temperaturanzeige

Das Stehenbleiben des Zeigers vor dem grünen Feld ist also noch kein Fehler. Wichtig aber ist, daß der Zeiger bei einer bestimmten Temperatur konstant stehenbleibt. Das beweist nämlich, daß der Thermostat einwandfrei arbeitet und die bei den verschiedenen Belastungen (Beschleunigen, Leerlauf, Steigungen, Talfahrten, wechselnde Geschwindigkeiten) unterschiedlichen Temperaturen ausgleicht. Steht der Zeiger nicht konstant, sondern reagiert auf jede Änderung der Belastung mit einer anderen Temperaturanzeige, so ist der Thermostat defekt.

Kühlerrollo

Die 1000 MB sind zur Regulierung der Betriebstemperatur zusätzlich mit einem Kühlerrollo ausgerüstet. Das Kühlerrollo muß, wenn es benutzt wird, in kürzeren Abständen auf seine Leichtgängigkeit überprüft werden. Bei mittleren und hohen Motordrehzahlen wird das Rollo vom Lüfter an den Kühler gesaugt, und die Rückholfeder reicht dann nicht mehr aus, um das Rollo zu öffnen. Klemmt das Kühlerrollo, so wirft sich hinter der Betätigung auf dem Mitteltunnel das Seil. Man kann dadurch gut kontrollieren, ob sich das Rollo auch aufrollt.
Muß wegen zu hoher Kühlwassertemperatur während der Fahrt das Kühlerrollo heruntergelassen werden, so gelingt das leichter, wenn man das Gas wegnimmt und auskuppelt. Bei Leerlaufdrehzahl ist der Sog des Lüfters schwächer als die Kraft der Rückholfeder.
Ab Motor-Nr. 266 123 hat der Fahrzeughersteller einen größeren Thermostaten eingesetzt. Seine Leistungsfähigkeit war Anlaß, beim Typ S 100 das Kühlerrollo wegzulassen. Damit ist eine wesentliche Störquelle, die häufig zu Überhitzungen des Motors geführt hat, entfallen.

Kühlwasser

Zum Ablassen des Kühlwassers müssen stets beide Hähne, unten am Kühler und am Heizkörper (neben dem über Seilzug fernbedienten Heizwasserhahn), geöffnet werden. Der Heizwasserhahn selbst und der Kühlerverschluß müssen dabei auch offen sein, sonst läuft nicht das ganze Wasser ab.
Beim Füllen des Kühlsystems (bei geöffnetem Heizwasserhahn) gießt man zunächst nur so viel Wasser in den Kühler, daß gerade die Lamellen bedeckt sind. Die Schlauchleitung rechts oben am Kühler darf nicht voll Wasser laufen, sonst kann die Luft aus dem Kühlmantel des Motors nicht durch die kleine

Bohrung im Thermostatventil (s. Abb. 37) entweichen. Danach läßt man den Motor einige Minuten laufen, um eventuelle Luftblasen mit Hilfe der Wasserpumpe zur Entlüftungsbohrung zu befördern. Anschließend kann der Kühler voll gefüllt werden.
Vergißt man dieses Entlüften bei laufendem Motor, so kann die Zylinderkopfdichtung durchbrennen, denn dort sammeln sich die Luftblasen und verursachen örtliche Überhitzungen.

Frostschutzmittel

Im Winter ist ein Frostschutzmittel erforderlich. Die folgende Tabelle gibt Aufschluß, welche Menge Gefrierschutzmittel (Glysantin) das Kühlsystem mit insgesamt 6,2 l Inhalt bis zu welchem Kältegrad schützt.

Glysantin l	1,0	1,5	2,0	2,5	3,0
Frostschutz bis °C	−7	−13	−18	−27	−38

Das Glysantin wird am besten vor einer längeren Fahrt eingefüllt. In diesem Falle genügt es, aus dem Kühler einige Liter Wasser abzulassen, das Glysantin einzugießen und nach dem Entlüften den Kühler bei laufendem Motor mit Wasser aufzufüllen; aber bitte nicht ganz voll, denn die Frostschutzmischung dehnt sich bei Erwärmung aus. Für das Mischen des Glysantins mit Wasser sorgt die Wasserpumpe.
Fährt man nach dem Einfüllen des Glysantins nicht oder nur Kurzstrecken, auf denen der Motor kaum richtig warm wird und der Thermostat den Kühlerkreislauf nur wenig öffnet, so findet kein ausreichendes Vermischen statt und der Motor sowie das Heizsystem sind nach wie vor frostgefährdet, obwohl sich Glysantin im Kühler befindet. In diesem Falle sollte das ganze Kühlwasser abgelassen und entsprechend mit Glysantin gemischt wieder eingefüllt werden.
Das Verschließen der seitlichen Lufteinlässe im Winter bringt nach unseren Erfahrungen keine Vorteile. Rechts muß man den Einlaß ohnehin weitgehend offenlassen, um die Luftzufuhr zum Heizgebläse nicht zu drosseln. Da der Luftschacht aber über die ganze Breite des Wagens reicht und keine Trennwand hat, kann der Kühlventilator seine Luft auch von rechts ansaugen. Sollte die Kühlung zu intensiv sein, so ist es besser, die Drehzahl des Ventilators zu reduzieren. Anstelle der serienmäßigen Riemenscheibe am Ventilator mit 112,5 mm Durchmesser fertigt das Skoda-Werk eine mit 129,5 mm Durchmesser, die zusammen mit einem längeren Keilriemen 13 × 1030 mm (anstatt 13 × 1000 mm) eingesetzt werden kann.

Wasserpumpe

Die Staufferbuchse der Wasserpumpe (Abb. 34) braucht alle 10 000 km eine neue Füllung mit Wasserpumpenfett (Heißlagerfett). Dabei sollte die gefüllte Verschraubung völlig hineingedreht werden. So ist die Gewähr gegeben, daß man sie nicht verliert.
Bei zu häufigem Schmieren tritt das Fett an der Welle zwischen Pumpengehäuse und Riemenscheibe aus. Bei undichter Wasserpumpe tritt das Wasser zwischen Pumpengehäuse und Riemenscheibe aus und wird durch die Drehbewegung herumgespritzt. Braune Spuren an Lüfter, Lichtmaschine, Motorhaube usw. deuten auf eine undichte Wasserpumpe hin. In diesem Falle sollte zuerst der Kühlerverschluß, der ja gleichzeitig das Überdruckventil enthält, geprüft werden. Ein aufgequollener Gummiring führt zum Klemmen des Überdruckventils, und die Abdichtung der Wasserpumpe hält dem Überdruck nicht stand. Ist die Wasserpumpe auch bei geöffnetem Überdruckventil undicht, so müssen ihre Dichtungen ausgewechselt werden. Diese Arbeit überläßt man besser der Werkstatt, die über die erforderlichen Spezialwerkzeuge verfügt.

Abb. 34
Überschüssiges Fett und bei undichter Pumpe auch Wasser, treten zwischen Gehäuse und Riemenscheibe aus

Lüfter

Die Lager des Lüfters werden während der Fahrt ständig von der beim Durchgang durch den Kühler stark erwärmten Kühlluft „geheizt". Deshalb ist nach spätestens 25 000 km eine Nachschmierung mit Heißlagerfett erforderlich.
Zum Schmieren der Lüfterlager wird die Sechskantschraube, die den oberen Bügel des Leitringes hält, herausgeschraubt (Abb. 35). Aus einer Tube oder

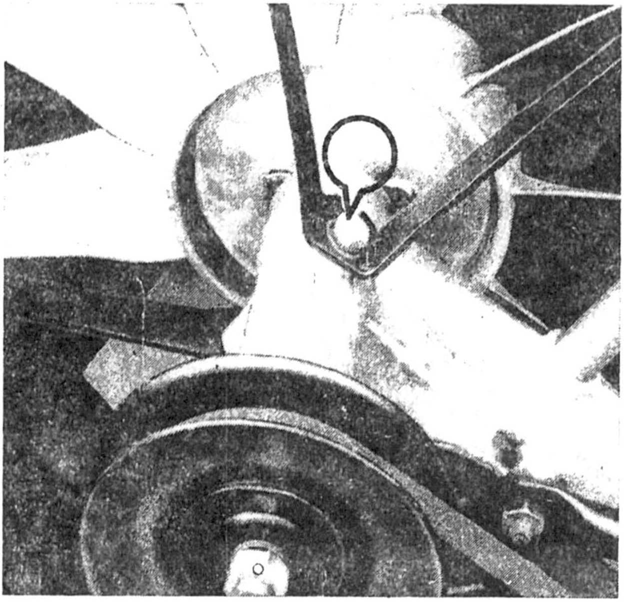

Abb. 35
Zur Schmierung der Ventilatorlager wird diese Schraube (Pfeil) entfernt und Fett in die Gewindebohrung gedrückt

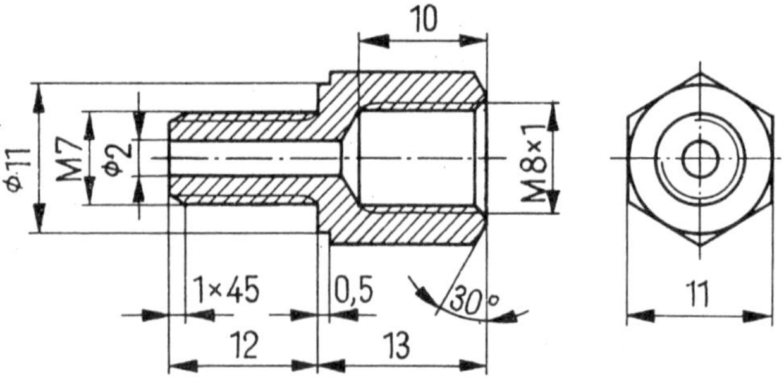

Abb. 36
Zwischenstück mit Schmiernippel anstelle der in Abbildung 35 gezeigten Schraube

Fettpresse wird das Fett in das Gewindeloch gedrückt. Ersetzt man diese Schraube durch das in Abbildung 36 gezeichnete Gewindestück mit Schmiernippel, so ist das Nachschmieren mit der Presse auch ohne Montagearbeit möglich.

Thermostat

Bei hochsommerlichen Temperaturen und ständigem Fahren mit höherer Geschwindigkeit (Autobahn) neigt der Skoda dazu, daß die Kühlwassertemperatur extrem ansteigt. Als Ursachen kommen, vorausgesetzt, es ist genügend Wasser im Kühlsystem, entweder ein klemmendes Überdruckventil

und somit kein richtiger Druckausgleich (s. Abschnitt „Wasserpumpe") oder ein nicht einwandfrei funktionierender Thermostat in Frage. Im Laufe der Zeit kommt es nun vor, daß der Thermostat nicht mehr völlig öffnet und somit den Querschnitt des Wasserauslaufes aus dem Motor reduziert.
Die Fahrt mit zu hoher Wassertemperatur fortzusetzen ist nicht ratsam. Im günstigsten Falle reagiert der Motor nur mit einer durchgebrannten Zylinderkopfdichtung, oftmals jedoch mit gerissenem Zylinderkopf oder mit Kolbenschäden.

Thermostat ausbauen

Ist der Motor während einer längeren Fahrt zu heiß geworden, so drosselt man die Geschwindigkeit langsam ab – nicht bremsen – und läßt ihn auf dem nächsten Parkplatz abkühlen. Auf keinen Fall darf bei dieser hohen Wassertemperatur der Kühlerverschluß geöffnet werden! Der ausströmende Wasserdampf kann zu schweren Verbrennungen führen.
Ist die Möglichkeit gegeben, neues Kühlwasser aufzufüllen, so baut man nach entsprechender Abkühlzeit den Thermostaten, wenn er als Fehlerquelle vermutet wird, einfach aus und ersetzt ihn nach Beendigung der Fahrt durch einen neuen. Hierzu genügt es, das Kühlwasser etwa bis zur Hälfte abzulassen. Der Thermostat befindet sich in dem vom Motor zum oberen Wasserkasten des Kühlers führenden Formschlauch, und zwar in dem dickeren Teil, das auf das Anschlußstück des Motors geschoben ist (s. Abb. 23). Nach Lösen des Schlauchbandes – dazu eignet sich ein kleiner Dorn oder stumpfer Schraubenzieher – kann man den Schlauch mit dem Thermostaten vom Gehäusestutzen schieben. Der Thermostat (Abb. 37) wird mit dem zweiten Schlauchband im Schlauch festgehalten.

Abb. 37
Thermostat. Der Pfeil weist auf die Entlüftungsbohrung hin. Der hier eingesetzte klappernde Stift soll das Zuwachsen der Bohrung durch Kesselstein verhindern

Beim Auffüllen des Kühlwassers ist die Entlüftung zu beachten (s. Abschnitt „Kühlwasser").

Nicht immer findet man bei solchen Pannen Gelegenheit, Kühlwasser „tanken" zu können. Deshalb lohnt es sich zumindest in den Sommermonaten, einen Behälter mit Wasser mitzuführen. Wir benutzen dazu einen 5-l-Plastkanister.

Keilriemen

Der größere der beiden Keilriemen (13 × 1000 mm) treibt nur den Ventilator. Zum Spannen und Wechseln des Riemens wurde die Riemenscheibe geteilt ausgeführt, und mit Hilfe von Distanzscheiben kann der Abstand der beiden Riemenscheibenhälften verändert werden. Liegt z. B. zwischen den Riemenscheiben nur eine Distanzscheibe, so läuft der Riemen auf dem relativ großen Durchmesser D 1 (Abb. 38 links). Werden mehrere Distanzscheiben zwischen die Riemenscheiben gelegt, so läuft der Riemen auf dem entsprechend kleineren Durchmesser D 2 (Abb. 38 Mitte).

Zum Spannen des lose gewordenen Riemens sind also nach dem Lösen der Mutter eine oder mehrere der zwischen den Riemenscheiben liegenden Distanzscheiben herauszunehmen. Die herausgenommenen Scheiben dürfen aber nicht weggelassen werden, sie werden zwischen die Riemenscheibe und die Druckplatte gelegt. Vergißt man eine der Scheiben einzubauen, paßt die ganze Spannvorrichtung nicht mehr, und die Riemenscheiben hätten keinen Halt. Läuft der Riemen zu stramm und soll er etwas loser eingestellt werden, so wird eine der zwischen Druckplatte und Riemenscheibe liegenden Scheiben weggenommen und zwischen die beiden Riemenscheibenhälften gelegt.

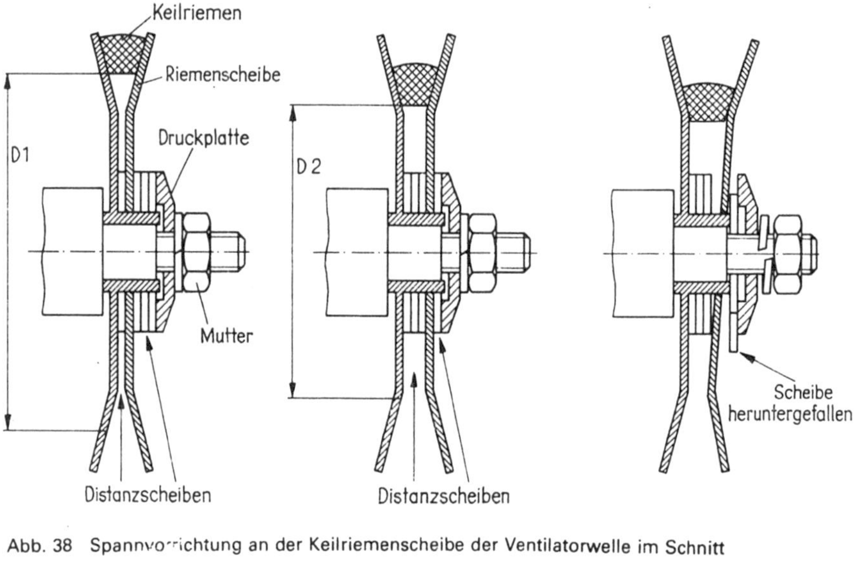

Abb. 38 Spannvorrichtung an der Keilriemenscheibe der Ventilatorwelle im Schnitt

Abb. 39 Zur Spannung des Keilriemens sind insgesamt drei Schrauben zu lockern (Pfeile). Die im Bild nicht sichtbare dritte Schraube liegt mit der unteren auf gleicher Höhe am anderen Ende der Lichtmaschine (in Fahrtrichtung vorn)

Keilriemen spannen

Beim Spannen rutscht der aufgelegte Keilriemen zunächst etwas tiefer zwischen die beiden Riemenscheiben und stellt die eine Scheibe schief. Dabei fällt leicht die neben der Druckplatte liegende Distanzscheibe herunter (Abb. 38 rechts). Wird dabei die Mutter angezogen, so verbiegt die Druckplatte die heruntergefallene Scheibe, und die schief stehende Riemenscheibe kann sich nicht parallel zur anderen Scheibenhälfte einstellen. Beim Anziehen der Mutter muß deshalb genau darauf geachtet werden, daß die Distanzscheiben zentrisch hinter der Druckplatte liegen. Ist auch nur eine Scheibe ein wenig gegenüber dem Mittelpunkt verschoben, so paßt die ganze Spannvorrichtung nicht mehr.
Damit sich die beiden Riemenscheiben parallel zueinander einstellen können, ist es notwendig, den Motor einige Umdrehungen durchzudrehen, während die Mutter der Spannvorrichtung allmählich festgezogen wird. Das Durchdrehen des Motors an der Kurbelwelle erleichtert ein gekröpfter Ringschlüssel (30 mm Schlüsselweite) oder ein Steckschlüssel mit Dorn, der auf die Befestigungsschraube der Kurbelwellenriemenscheibe gesteckt wird.
Der die Lichtmaschine und auch die Wasserpumpe treibende Keilriemen (13 × 880 mm) wird durch Schwenken der Lichtmaschine gespannt. Dazu sind drei Schrauben zu lösen, eine an der Spannstrebe oben und zwei an der unteren Befestigung der Lichtmaschine (Abb. 39).

Soll dieser Keilriemen gewechselt werden, so ist vorher der Ventilatorriemen abzunehmen. Die Mutter der Spannvorrichtung braucht dazu nur um einige Umdrehungen gelöst zu werden. Der Riemen rutscht dadurch tiefer zwischen die beiden Riemenscheiben und kann von der Kurbelwellenscheibe heruntergenommen werden. Die in der Betriebsanleitung genannten Werte für die Riemenspannung (Eindrücken des Lichtmaschinenriemens um 10 bis 15 mm und Zusammendrücken des Ventilatorriemens auf 50 bis 60 mm Abstand) sollten nicht unterschritten werden, sonst werden die Lager der Lichtmaschine, Wasserpumpe und Ventilatorwelle überlastet. Ihre Lebensdauer würde dadurch erheblich sinken.

Kraftübertragung

Allen Baugruppen der Kraftübertragung ist gemeinsam, daß sie bei jedem Fahrzeugeinsatz hoch beansprucht werden. Eine sorgfältige Beobachtung ihrer Wirkung bzw. ihres Verhaltens sowie eine sorgfältige Wartung zum richtigen Zeitpunkt – die Betriebsanleitung des Fahrzeuges enthält hierzu die notwendigen Vorschläge – ist somit im Interesse einer langen Lebensdauer dieser Baugruppen zweckmäßig. Zusätzlich sei darauf hingewiesen, daß größere Schäden hieran in der Regel nur in einer Werkstatt behoben werden können.

Kupplung

Die Kraft vom Kupplungspedal zur Kupplung wird hydraulisch übertragen. Der vom Kupplungspedal über einen Stößel betätigte Kolben des Kupplungshauptzylinders drückt die Flüssigkeit (Bremsflüssigkeit) durch eine Leitung zum Kupplungsarbeitszylinder. Dadurch wird der Kolben des Kupplungsarbeitszylinders in Richtung Ausrückmechanismus bewegt und die Kupplung betätigt.
Die Flüssigkeit des Kupplungssystems befindet sich beim S 100 mit der des Bremssystems in einem gemeinsamen Behälter. Beim 1000 MB bilden der Hauptbrems- und Hauptkupplungszylinder sowie der Vorratsbehälter eine Einheit. Im Behälter befinden sich getrennte Kammern. Ein ständiges Absinken des Flüssigkeitsstandes in der in Fahrtrichtung gesehen linken Kammer deutet auf eine Undichtheit im hydraulischen Kupplungssystem hin.

Kupplungsspiel einstellen

Bei der Kupplung ist die Kontrolle des Spieles beim Ausrückmechanismus wichtig. Ist das Spiel zu klein, läuft das Ausrücklager ständig mit und wird durch die übermäßige Beanspruchung zerstört. Darüber hinaus kuppelt die Kupplung nicht einwandfrei ein bzw. „rutscht". Man merkt das beim Gasgeben am Aufheulen des Motors, ohne daß der Wagen beschleunigt wird.

Bei richtigem Kupplungsspiel läßt sich das Kupplungspedal etwa 40 bis 50 mm ohne spürbaren Widerstand niedertreten. Dabei beträgt das Spiel zwischen dem Stößel des Arbeitszylinders und dem Ausrückhebel etwa 4 mm. Verringert sich durch den Abrieb des Kupplungsbelages das Spiel auf weniger als 2 mm, läuft das Kupplungsdrucklager, bedingt durch die Übersetzung des Ausrückhebels, schon im eingekuppelten Zustand mit.
Zur Kontrolle des Kupplungsspieles wird der Mitteldeckel des hinteren Kofferraumes entfernt. Nach Hochklappen der Feder wird der Bakelitdeckel abgenommen und der Ausrückhebel mit dem Stößel freigelegt (Abb. 40). Durch Drücken des Ausrückhebels in Richtung Motor ermittelt man das Spiel. Zur Korrektur löst man mit einem 12-mm-Gabelschlüssel die Kontermutter, wobei das Druckstück mit einem zweiten 12-mm-Gabelschlüssel festgehalten werden muß. Durch Verdrehen des Druckstückes kann das Spiel verändert werden. Nach dem Einstellen muß die Kontermutter wieder festgezogen werden.

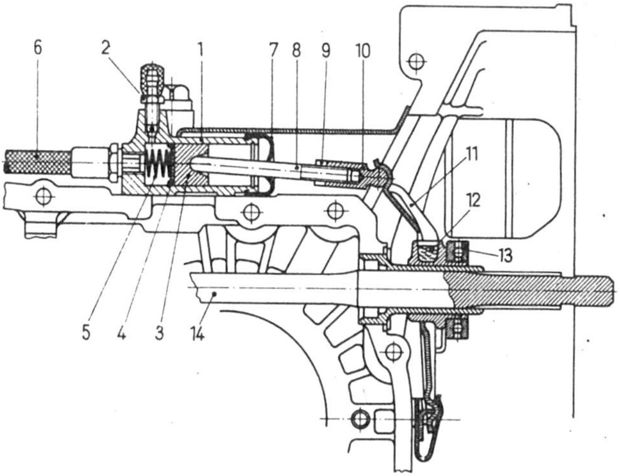

Abb. 40
Hydraulische Kupplungsbetätigung; 1 – Kupplungsdruckzylinder, 2 – Entlüftungsschraube, 3 – Kolben, 4 – Dichtmanschette, 5 – Druckfeder, 6 – Schlauchanschluß, 7 – Schutzmanschette, 8 – Kolbenstange, 9 – Kontermutter, 10 – Druckstück, 11 – Ausrückhebel, 12 – Schmierfilz, 13 – Ausrücklager, 14 – Getriebewelle

Kupplung entlüften

Bei fehlender Bremsflüssigkeit im Behälter, Undichtheit oder Schäden am Kupplungshaupt- oder Arbeitszylinder kann Luft in das hydraulische Kupplungssystem eindringen. Das erkennt man daran, daß der Pedaldruck speziell beim ersten Treten des Kupplungsfußhebels geringer ist als sonst üblich. Außerdem lassen sich die Vorwärtsgänge nur schwer und der Rückwärtsgang nicht geräuschlos schalten.
Ähnlich dem Entlüften des Bremssystems wird das Kupplungssystem entlüftet. Hier gibt es nur eine Entlüftungsschraube am Arbeitszylinder (s. Abb. 40). Vor dem Entlüften wird zuerst der Vorratsbehälter vollgefüllt. Dann entfernt man die Staubkappe und steckt auf die Entlüfterschraube einen Plast- oder Gum-

mischlauch mit etwa 6 mm Durchmesser, dessen Ende in einen mit etwas Bremsflüssigkeit gefüllten Behälter eintaucht. Nach dem Öffnen der Entlüfterschraube wird der Kupplungsfußhebel von einem Helfer bis zum Bodenblech niedergetreten, und zwar so oft, bis die Flüssigkeit blasenfrei aus dem Entlüfterschlauch in den Auffangbehälter gepumpt wird.
Funktioniert die Kupplung auch bei exakter Einstellung des Stößels am Ausrückhebel und einwandfreier Entlüftung des hydraulischen Systems nicht wie üblich, liegt entweder (seltener) ein Schaden am Haupt- bzw. Arbeitszylinder oder (häufiger) an der Kupplung selbst vor. In solchen Fällen überläßt man die Beseitigung des Fehlers der Werkstatt.

Ausrücklager schmieren

Zur Wartung der Kupplung gehört das Schmieren des Ausrücklagers. Mit einer Ölspritzkanne werden 8 bis 10 Tropfen Öl (Getriebeöl) auf die Mittelsicke des Ausrückhebels getropft. Das Öl läuft vom Ausrückhebel in die mit einem Filz versehene Auffangtasche des Ausrücklagers. Durch Öffnung in der Kupplungsglocke kann man den Filz mit der Ölkanne auch direkt erreichen. Auf keinen Fall darf aber zuviel Öl auf das Ausrücklager gegeben werden. Durch die Drehbewegung der Antriebswelle würde das aus dem Lager tropfende Öl in der Kupplungsglocke herumgeschleudert werden und schließlich auf den Kupplungsbelag gelangen. Ist der Kupplungsbelag aber erst einmal verölt, kann man darauf warten, bis die Kupplung „rutscht".

Getriebe

Wechsel- und Ausgleichgetriebe sind zu einer Baueinheit zusammengefaßt, d. h. in einem gemeinsamen Gehäuse angeordnet. Der Ölstand muß nach je 10 000 km kontrolliert werden. Dabei sollten auch Undichtheiten beachtet und die Schraubverbindungen geprüft bzw. nachgezogen werden.
Instandsetzungsarbeiten am Getriebe sind ohne Spezialwerkzeuge nicht möglich. Deshalb ist es bei Getriebeschäden, sofern sie ihre Ursache nicht in der Schaltung bzw. Kupplung haben, in jedem Falle erforderlich, die Vertragswerkstatt aufzusuchen.

Getriebeöl wechseln

Wie beim Motorenölwechsel ist es auch beim Getriebeölwechsel wichtig, vor dem Ablassen des Öles das Getriebe warmzufahren, damit das Öl dünnflüssig wird und gut abfließt.
In jedem Falle müssen beide Ablaßschrauben (Abb. 41) geöffnet werden, obwohl die Ablaßschraube unter dem Ausgleichgetriebe an der tiefsten Stelle liegt, denn zwischen dem Wechsel- und dem Ausgleichgetriebe befindet sich im Inneren des Gehäuses eine Trennwand, die zwar Ausgleichbohrungen hat, die das Öl aber dennoch nicht vollständig abfließen lassen würden.
Zum Auffüllen des neuen Öles wird der Mitteldeckel des hinteren Kofferraumes

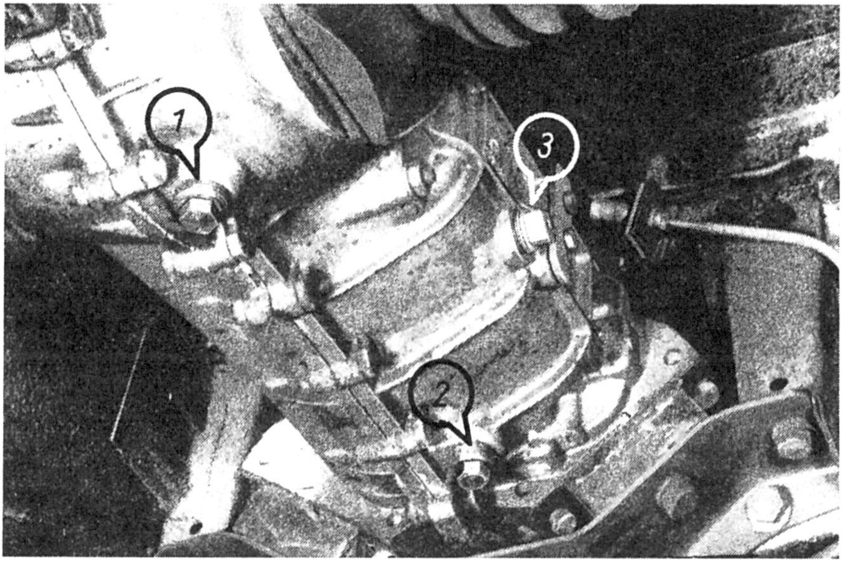

Abb. 41 Beim Ablassen des Getriebeöls müssen beide Ablaßschrauben (Pfeile 1 und 2) geöffnet werden. Pfeil 3 kennzeichnet die Kontrollschraube

abgenommen. Der Oleinfüllstutzen ist mit einem Plastverschluß abgedeckt, ältere Getriebe des 1000 MB haben eine Verschraubung. Füllt man mit einem Trichter die vorgeschriebene Menge von 2,5 l Getriebeöl ein, so erübrigt sich das Öffnen der Kontrollschraube, die sich an der rechten Seite des Getriebes befindet (Bei vorgeschriebenem Ölinhalt würde das Öl gerade aus der Kontrollöffnung herauslaufen).

Welches Getriebeöl?

Genau wie beim Motor ist die Auswahl des richtigen Getriebeöles sehr wichtig. Die Zahnflanken der Zahnräder sind je nach Belastung einer mehr oder weniger großen Flächenpressung ausgesetzt. Hält das Öl diesem Flankendruck nicht stand, reißt der Ölfilm an den Zahnflächen ab, und der Verschleiß wird groß. Öle, die besonders bei hohem Flankendruck einen guten Schmierfilm garantieren, können sich aber nachteilig auf die Synchroneinrichtungen auswirken, so daß das einwandfreie Schalten, besonders das Zurückschalten, beeinträchtigt wird. Vom Herstellerwerk wird für das Getriebeöl darum eine Viskositätsklassifikation von SAE 90 angegeben. Von den in der DDR angebotenen Ölen hat sich das Getriebeöl GL 125 als das geeigneteste erwiesen. Bei niedrigen Außentemperaturen kann es aber im kalten Zustand Schwierigkeiten beim Schalten zur Folge haben. Deshalb ist es wesentlich günstiger, im Winterhalbjahr das Getriebeöl GL 60 aufzufüllen.
Für das Getriebe ist ein Ölwechselintervall von 20 000 km angegeben. Man sollte

das Öl aber nicht länger als ein Jahr im Getriebe belassen. Wer wenig fährt, richtet sich darum besser nach dem Zeitraum als nach den zurückgelegten Kilometern.

Schaltung

Die Verbindung zwischen dem Getriebe und der Schalteinrichtung mit dem Schalthebel wird durch eine Schaltstange hergestellt, die durch den Mitteltunnel führt. Um Geräusche und Vibrationen zu vermeiden, ist sie an beiden Seiten elastisch gelagert und bedarf keiner Wartung. Der Schalthebel mündet innerhalb der Schaltkonsole in eine Umlenkmuffe, die mit einer Welle fest verbunden ist. Diese Welle ist mit der Schaltstange elastisch verbunden. Eine Drehfeder innerhalb der Schaltkonsole sorgt dafür, daß der Schalthebel in die Mittelstellung, also in die Ebene des 3. und 4. Ganges, springt.

Abb. 42
Schaltkonsole;
1 – Schalthebel,
2 – Deckel, 3 – Umlenkmuffe, 4 – Schaltstange

Schalteinrichtung schmieren

Die beweglichen Teile innerhalb der Schaltkonsole (Abb. 42) sind mit einer Fettfüllung versehen, die für die Leichtgängigkeit, Verschleiß- und Geräuschminderung sorgt. Bei Mangel an Fett in der Schaltkonsole entstehen neben der Schwergängigkeit des Schalthebels dumpfe schnarrende Geräusche bei bestimmten Motordrehzahlen. Besonders bei eingeschalteter Heizung wird das Fett durch den Warmluftstrom dünnflüssiger und somit leichter aus den Schmierstellen herausgedrängt.
Zum Nachfetten genügt es, den unter dem Faltenbalg des Schalthebels mit drei

Schrauben M 6 befestigten Deckel zu demontieren und hochzuschieben. Durch die Öffnung der Konsole werden mit einem schmalen Spatel etwa 30 bis 40 g Fett – wir benutzen Ceritol – gedrückt. Die ständigen Schaltvorgänge sorgen selbsttätig dafür, daß das Fett an alle beweglichen Teile der Schaltkonsole gelangt.

Schaltung einstellen

Durch Lockerung der Schraubverbindungen kann sich die Schaltung in ihrer Einstellung verändern. Das Getriebe läßt sich dann nicht mehr in allen Gängen einwandfrei schalten.
Bei ordnungsgemäß eingestellter Schaltung steht der Schalthebel im Leerlaufbereich – von allen Seiten gesehen – senkrecht zum Mitteltunnel. Hat der Schalthebel im Leerlaufbereich eine Neigung nach vorn oder hinten, ist es möglich, daß die Gänge, die in der Richtung liegen, in die der Schalthebel zeigt, nicht oder nicht richtig eingeschaltet werden und während der Fahrt herausspringen. Zur Regulierung werden die vier Befestigungsschrauben M 6 der Schaltkonsole gelöst. Durch Versetzen der Schaltkonsole wird der Schalthebel wieder in die 0-Stellung, d. h. in die senkrechte Lage, gebracht.

Lassen sich der 1. und 2. Gang bzw. der Rückwärtsgang nicht einwandfrei schalten, so ist mit ziemlicher Sicherheit anzunehmen, daß die Umlenkmuffe auf der Schaltstange nicht fest sitzt oder sich verschoben hat. Zum Befestigen und Einstellen der Umlenkmuffe wird die Schaltkonsole am besten aus dem Wagen ausgebaut. Nach dem Demontieren der vier Befestigungsschrauben wird sie von der zum Getriebe führenden Schaltstange gelöst (eine Mutter M 8) und aus dem Mitteltunnel herausgenommen. Zum Einstellen der Umlenkmuffe wird der Klemmbolzen gelöst. Nun stellt man die Welle so ein, daß ihr flaches Ende genau parallel zur Umlenkmuffe steht, und zieht den Klemmbolzen fest. Beim Einbau der Konsole muß, wie schon erwähnt, die Stellung des Schalthebels beachtet werden.
Beim S 100 ist nach dem Einstellen der Schaltung noch die Lage des Schalters für den Rückfahrscheinwerfer zu kontrollieren bzw. zu korrigieren.

Fahrwerk

Zum Fahrwerk gehören Federn, Stoßdämpfer, Achsen, Räder, Bereifung, Bremsanlage und Lenkung. Einige der hieran notwendigen Kontroll-, Einstell- sowie Reparaturarbeiten können selbst ausgeführt werden. Was es im einzelnen ist, ist in den entsprechenden Abschnitten näher beschrieben.
Ausdrücklich hingewiesen sei in diesem Zusammenhang darauf, daß nach § 43 StVZO Schraubverbindungen durch Kontermuttern mit Splint oder durch Sicherungsbleche gesichert sein müssen. Ausgebaute Splinte und Sicherungsbleche dürfen nicht wieder verwendet werden. Einzubauen sind neue Sicherungsteile, die in ihrer Ausführung dem Original entsprechen. Ferner dürfen

Lenkvorrichtungen nicht geschweißt werden. Es sei denn, das geschieht in einem vom Zentralinstitut für Schweißtechnik (ZIS) in Halle speziell dafür zugelassenen Betrieb.

Vorderachse und Lenkung

Vorderachse und Lenkung beider Baumuster sind konzeptionsmäßig gleich, dennoch hat der S 100 im Vergleich zum 1000 MB recht wirksame Änderungen erfahren. So wurden selbstschmierende Büchsen und Kugelschalen nach Lizenz der englischen Firma Glacier an den meistbeanspruchten Teilen wie Kugelköpfen, Achsschenkelbolzen, Exzenterbüchsen und Hilfslenkhebel eingesetzt. Sie erhöhen die Lebensdauer der Vorderachse und reduzieren den Wartungsaufwand erheblich. Anstelle der 11 Schmiernippel beim 1000 MB hat der S 100 an der Vorderachse und Lenkung nur noch vier, auf jeder Seite einen für die Lagerung des Achsschenkelbolzens und einen für die Lagerung der Exzenterbüchse im Kopf des Achsschenkelbolzens. Außerdem konnte das Schmierintervall von etwa 2000 km beim S 100 auf 10 000 km verlängert werden. Die gesamte Lenkung einschließlich des Hilfslenkhebels muß überhaupt nicht mehr abgeschmiert werden.

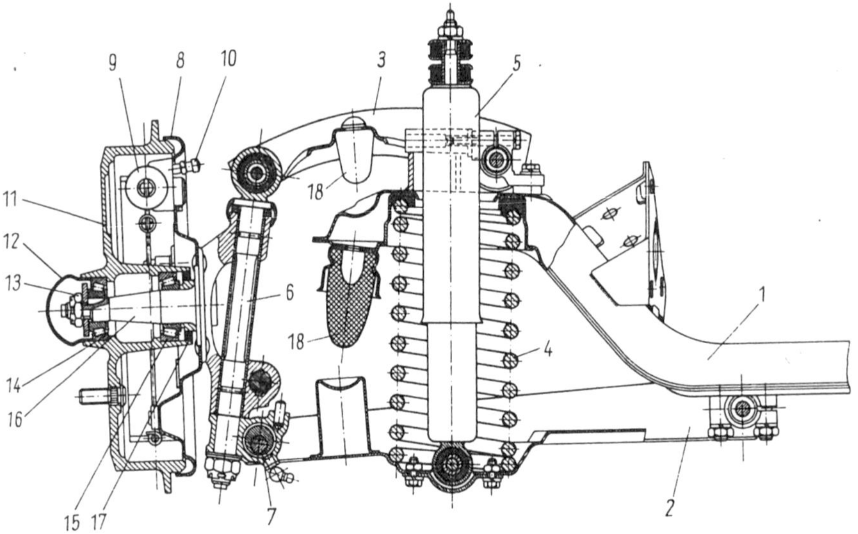

Abb. 43 Vorderachse; 1 – Achsträger, 2 – Unterer Querlenker, 3 – Oberer Querlenker, 4 – Schraubenfeder, 5 – Stoßdämpfer, 6 – Achsschenkelbolzen, 7 – Exzenterlagerung, 8 – Bremsträger, 9 – Radbremszylinder, 10 – Entlüftungsschraube, 11 – Radnabe mit Bremstrommel, 12 – Nabendeckel, 13 – Kronenmutter mit Splint, 14 – Kegelrollenlager 30303, 15 – Kegelrollenlager 30205, 16 – Achszapfen, 17 – Filzring, 18 – Gummianschläge zur Begrenzung des Federweges

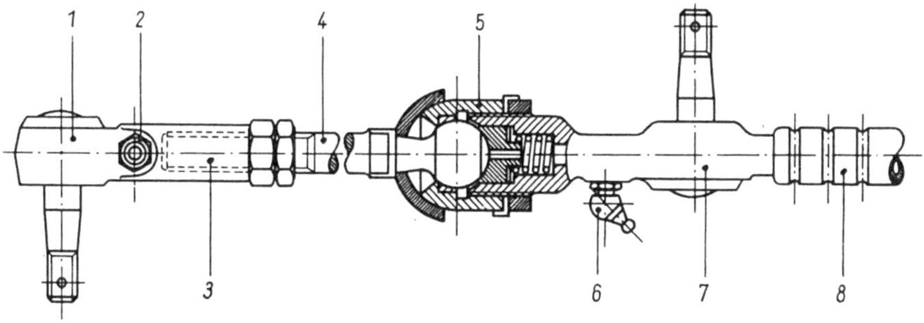

Abb. 44 Spurstange; 1 – äußeres Spurstangengelenk, 2 – Schmiernippel, 3 – Verschraubung zur Spureinstellung, 4 – linke Spurstange, 5 – inneres Kugelgelenk der linken Spurstange, 6 – Schmiernippel für die Gelenke 5 und 7, 7 – Spurstangengelenk (mit dem Lenkstockhebel am Lenkgetriebe verbunden), 8 – mittlere Spurstange

Abschmieren

Die 11 Schmiernippel an der Vorderachse und Lenkung des 1000 MB (Abb. 43 und 44) sind teilweise sehr schwer zugänglich. Mit einer der üblichen teleskopartigen Fettpressen kommt man nur an die Nippel der Achsschenkellagerung, an die Exzenterlager der unteren Dreiecklenker und an die inneren Kugelköpfe der Spurstangen heran. Bei den äußeren, in Radnähe liegenden Spurstangenköpfen ist wegen der Radkästen kein Platz für die Fettpresse. Hier kann man aber Nippel einschrauben, bei denen das Gewinde M 8 × 1 etwa rechtwinklig zum Schmiernippel steht (Die winkligen Schmiernippel an den äußeren Spurstangenköpfen des Trabant haben das gleiche Gewinde). Die Druckrichtung verläuft dann parallel zur Spurstange.
Für die oberhalb des Vorderachsmittelträgers versteckt liegende Schmierstelle des Hilfslenkhebels braucht man eine Schmierpresse mit langem Mundstück. Das Abschmieren mit der Handpresse ist dennoch – auch bei entlasteter Vorderachse – bei beiden Baumustern ziemlich mühevoll, weil die Schmierkanäle sehr eng gehalten sind. Von Hand ist ein Durchschmieren mit Fett kaum möglich. Selbst der Druck einer Fußpresse reicht nicht immer aus. Mit Getriebeöl oder Getriebefett – in die Handpresse gefüllt – schmiert es sich leichter.

Schmiernippel

Vor dem Abschmieren müssen die Schmiernippel mit einem sauberen Lappen abgewischt werden, damit der anhaftende Schmutz nicht zusammen mit dem Schmiermittel in das Lager gedrückt wird. Beim Abschmieren selbst kommt es darauf an, daß das Fett oder Öl nicht nur in die Schmierstelle hineinkommt, sondern daß es auch den alten verbrauchten Schmierstoff herausdrückt. Man sollte deshalb jede Schmierstelle so lange durchschmieren, bis an irgendeinem Lagerspalt frisches Fett bzw. Öl austritt. Sieht das dort austretende Schmiermittel schwarz aus, enthält es noch Staub bzw. metallischen Antrieb. Diese Stoffe fördern den Verschleiß und müssen beim Abschmieren möglichst aus dem Lager herausgedrückt werden.

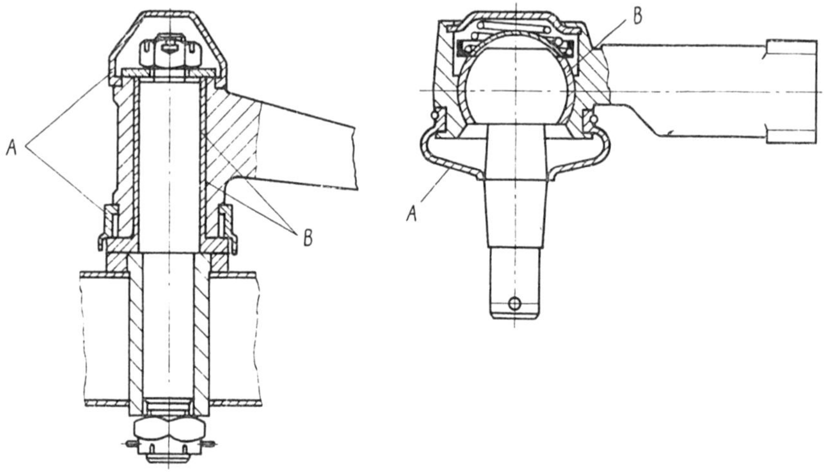

Abb. 45 Die Schutzkappen A zur Abdichtung der Lagerbüchsen B dürfen nicht beschädigt sein

Schutzkappen

Besondere Aufmerksamkeit verdienen beim S 100 die Schutzkappen bzw. Gummimanschetten am Hilfslenkhebel, an den Kugelköpfen und Exzenterbüchsen (Abb. 45). Sie dürfen nicht beschädigt sein, denn die exakte Abdichtung gegen Staub, Schmutz und Wasser ist die Grundvoraussetzung für die selbstschmierende Wirkung der neuen Büchsen. Beschädigte Schutzkappen müssen so bald wie möglich erneuert werden.

Lenkgetriebe/Vorderradnaben

Beim Lenkgetriebe muß alle 20 000 km der Ölstand geprüft und wenn nötig mit Getriebeöl ergänzt werden. Nachgefüllt wird so lange, bis Öl aus der Füllöffnung ausfließt. Zum Einfüllen des Öles eignet sich eine Ölspritzkanne oder auch eine Plastflasche. Der Schraubverschluß der Flasche muß allerdings durchbohrt und mit einem straff in die Bohrung passenden Kunststoffschlauch, der natürlich in die Füllöffnung passen muß, versehen sein.
Die Fettfüllung der Vorderradnaben soll nach 25 000 km, spätenstens aber nach zwei Jahren, erneuert werden. Hier ist Wälzlagerfett erforderlich, Ceritol + K 3 ist zum Beispiel gut geeignet.

Lagerspiele

Um das Spiel in den Gelenken und Lagern der Vorderachse und Lenkung zu prüfen, hebt man das Fahrzeug mit dem Wagenheber an und versucht, das betreffende Vorderrad in Querrichtung zu bewegen. Die angehobene Fahrzeugseite sollte dabei mit einem Unterstellbock oder einem geeigneten Holzklotz

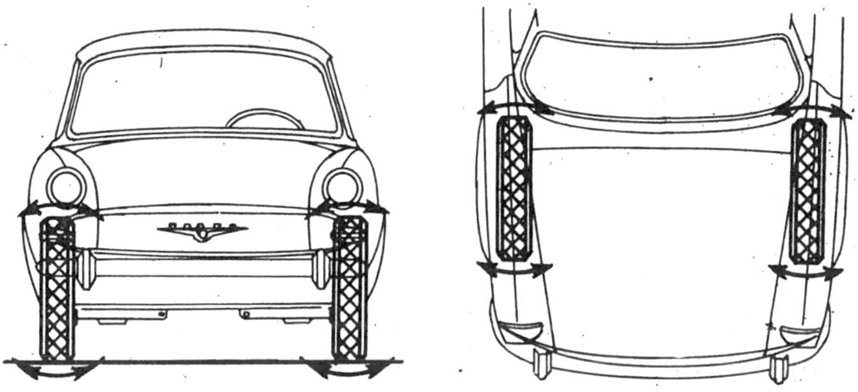

Abb. 46 Bewegungsrichtungen zur Kontrolle des Spieles in den Gelenken

abgestützt werden, denn auf die Standsicherheit des Wagenhebers kann man sich insbesondere dann nicht verlassen, wenn an den Rädern kräftig gerüttelt wird. Die auf dem Boden stehenden Räder der gegenüberliegenden Seite müssen mit Vorlegeklötzen gegen Abrollen gesichert sein. Weiter braucht man für diese Prüfung einen Helfer, der die Fußbremse bedient und das Lenkrad festhält.

Wird beim Bewegen eines Vorderrades in den in Abbildung 46 bezeichneten Richtungen merkliches Spiel festgestellt, das aber beim Durchtreten des Bremspedals verschwindet, so müssen die Radlager nachgestellt werden. Ist das Spiel auch bei gebremstem Rad unverändert, so hat die Achsschenkellagerung Luft. Ein geringes Spiel wird sich an dieser Stelle mit zunehmender Laufleistung einstellen, was jedoch nicht weiter tragisch ist. Wird das Spiel aber größer, so daß man das Rad in der in Abbildung 46 links bezeichneten Richtung merklich hin- und herkippen kann, so muß der Achsschenkelbolzen „nachgesetzt" werden. Bei starkem Verschleiß und großem Spiel sind die Lagerbuchsen und unter Umständen auch die Achsschenkelbolzen zu erneuern. Fährt man mit einem ausgeschlagenen Lager weiter, so werden andere, noch einwandfreie Teile in Mitleidenschaft gezogen, und der Umfang der Instandsetzung und damit verbunden die Kosten werden immer größer.

Bewegt man das Vorderrad um den Achsschenkelbolzen hin und her, wie in Abbildung 46 rechts dargestellt, kann man das Spiel zwischen den Lenkungsteilen überprüfen. Ein Helfer muß dabei das Lenkrad in Mittelstellung festhalten. Ausgeschlagene Kugelgelenke an den Spurstangen sollten so schnell wie möglich erneuert werden, bevor größerer Schaden entsteht.

Instandsetzungsarbeiten an der Vorderachse überläßt man besser einer Vertragswerkstatt. Das Nachstellen der Vorderradlager und das Nachsetzen des Achsschenkelbolzens kann man aber selbst durchführen.

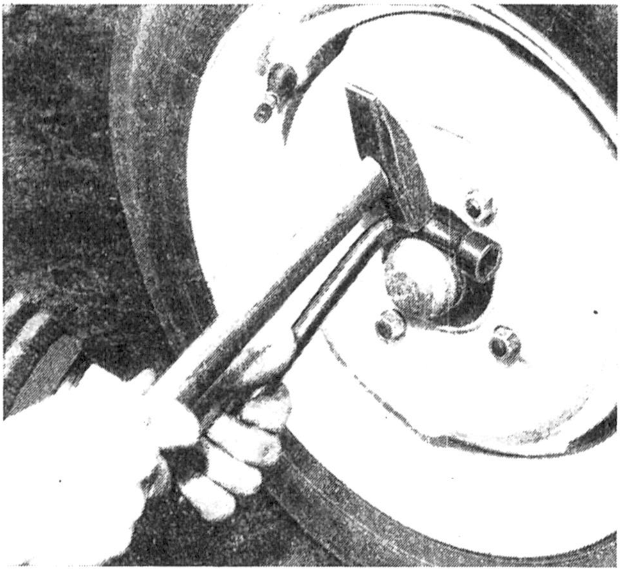

Abb. 47
Wenn kein geeigneter Abzieher zur Verfügung steht, läßt sich der Nabendeckel auch auf diese Weise lösen

Vorderradlager

Die Radlager werden am aufgebockten Fahrzeug und ohne Abnahme des Rades eingestellt. Der Radnabendeckel (Abb. 47) ist in die Nabe nur eingedrückt. Durch leichte Schläge auf seinen Bund, abwechselnd von links und rechts, wird er gelöst und kann herausgezogen werden. Sitzt der Nabendeckel sehr fest, kann man auch zwischen Bund und Nabe einen Dorn legen und darauf schlagen. Um jedoch fachgerecht arbeiten zu können, empfiehlt es sich, den speziell zum Herausnehmen des Nabendeckels vom Hersteller entwickelten Abzieher zu benutzen.
Nach Entfernen des Splints wird die Kronenmutter angezogen, bis sich das Rad spürbar schwerer drehen läßt. Während des Anziehens der Mutter muß das Rad ständig gedreht werden, damit man rechtzeitig spürt, wann die stramm angezogenen Lager die Raddrehung zu bremsen beginnen. Von dieser Stellung aus wird die Kronenmutter etwa um eine Sechstelumdrehung bis zum nächsten Splintloch zurückgedreht, also wieder gelockert. Das Rad muß sich danach wieder leicht drehen lassen, seine Lager dürfen aber beim Bewegen des Rades in Querrichtung kein merkliches Spiel haben. Wird das Zurückdrehen der Kronenmutter um eine Sechstelumdrehung unterlassen, so laufen die Lager zu stramm, sie werden sehr bald zerstört, und das kann Folgeschäden hervorrufen.
Steht ein Drehmomentschlüssel zur Verfügung, wird die Mutter zunächst mit einem Drehmoment von 1 kpm angezogen und danach weiter bis zum nächsten Splintloch festgezogen. Zur Sicherung der Kronenmutter darf nur ein neuer, 3 mm dicker Splint verwendet werden.

Der Abstand zwischen den Felgenkanten muß in Höhe der Achse, also vorn, um 4 bis 6 mm kleiner sein als hinten. Bei der Messung muß das Fahrzeug auf ebener Fläche stehen. Vorher schiebt man es ein wenig vorwärts und rückwärts, damit sich die Räder richtig einstellen.
Zum Messen der Spur eignet sich eine Vorrichtung, die in Abbildung 48 dargestellt ist. Das U-förmige Teil besteht aus Rohren, der Stahldorn D 1 ist in die Bohrung im Rohr eingeschlagen und sitzt fest. Die Bohrung für den Dorn D 2 wurde ein wenig größer ausgeführt als der Durchmesser des Dornes, um das Hin- und Herschieben des Dornes zu ermöglichen.
Die Abbildung 48 zeigt auch, wie die Vorrichtung angesetzt wird (Pfeile A und B). Der im U-Rohr festsitzende Dorn liegt jeweils an der Felgenkante an, der bewegliche Dorn wird auf der gegenüberliegenden Seite bis an die Felgenkante geschoben. Seine Lage gegenüber dem U-Rohr wird mit einem Bleistiftstrich markiert.
Damit nicht eventuelle Beulen in der Felge die Messung verfälschen, wird die Meßvorrichtung bei beiden Messungen an der gleichen Stelle angesetzt. Bei der ersten Messung, zum Beispiel in Fahrtrichtung vorn in Achshöhe, wird die Meßstelle mit einem Kreidestrich am Rand markiert. Dann schiebt man das Fahrzeug um eine halbe Radumdrehung vorwärts oder rückwärts, bis der Kreidestrich hinter dem Achsmittelpunkt liegt. Der Abstand der bei beiden Messungen auf dem beweglichen Dorn angebrachten Bleistiftstriche voneinander muß 4 bis 6 mm betragen. Ergibt sich ein anderes Maß, so sollte man die Spureinstellung in der Vertragswerkstatt umgehend überprüfen und korrigieren lassen.

Sturz

Ebenso wichtig wie die Vorspur ist die richtige Einstellung des Sturzes der Vorderräder. Mit „Sturz" bezeichnet man die Abweichung der Radflächenebene von der Senkrechten.
Der Sturzwinkel (Abb. 49) beträgt im unbelasteten Zustand 1°. Zur überschlägigen Kontrolle des Sturzwinkels eignet sich ein kleines Lot, dessen Faden mit Knetmasse oder Kitt senkrecht über dem Achsmittelpunkt an die Kotflügelkante (Pfeil C in Abbildung 48) angeklebt wird. Wenn das Lot nicht mehr pendelt und ruhig hängt, mißt man mit einem Lineal die Abstände der oberen und unteren Felgenkante vom Faden (s. Abb. 49). Bei einem Sturzwinkel von 1° ist der Abstand der unteren Felgenkante vom Faden um 6,75 mm größer als der der oberen Felgenkante. Entsprechend der Toleranz sind Abweichungen bis minimal 5 mm und maximal 8,5 mm zulässig. Bei dieser Prüfung muß das Fahrzeug auf völlig ebener Fläche stehen, sonst ergeben sich unreale Werte. Korrekturen an der Sturzeinstellung überläßt man ebenfalls besser der Vertragswerkstatt.

Flattern der Räder

Von Flattererscheinungen der Vorderräder hat wohl schon jeder Skoda-Fahrer gehört bzw. hat das selbst erlebt. Diese Erscheinung, die sich nach dem

Achsschenkelbolzen

Der Achsschenkelbolzen kann durch Anziehen seiner Kronenmutter „nachgesetzt" werden. Dazu wird das Fahrzeug aufgebockt, das Rad abgenommen und der Splint der Kronenmutter des Achsschenkelbolzens entfernt. Außerdem müssen der Splint und die Kronenmutter des Spurstangenkopfes gelöst und der Spurstangenkopf aus dem Lenkhebel herausgedrückt werden. Steht dazu kein spezieller Abzieher zur Verfügung, so kann man die Kronenmutter bündig wieder aufschrauben und durch leichte Schläge mit dem Hammer auf die Kronenmutter bzw. auf den Bund des Lenkhebels den Konus lockern. Mit einem zweiten Hammer ist dabei jeweils gegenzuhalten.
Vor dem Nachziehen der Kronenmutter des Achsschenkelbolzens empfiehlt es sich, den Achsschenkel abzuschmieren. Während des Nachziehens sollte die Radnabe gleichzeitig um den Achsschenkelbolzen hin- und herbewegt werden. Dabei ist die Kronenmutter nur so weit nachzuziehen, daß das Bewegen der Radnabe noch mit normalem Kraftaufwand möglich ist. Zu stramm angezogene Achsschenkel würden die Lenkung schwergängig machen und den Verschleiß fördern.

Vorspur

Die Stellung der Vorderräder hat wesentlichen Einfluß auf das Fahrverhalten und auf den Reifenverschleiß. Die vorgeschriebenen Werte sollten deshalb etwa nach 10.000 km überprüft werden. In den Vertragswerkstätten stehen dafür spezielle Meßgeräte zur Verfügung. Eine Selbstkontrolle kann man aber auch mit einfachen Mitteln vornehmen.
Die Vorspur der Vorderräder muß im unbelasteten Zustand 4 bis 6 mm betragen.

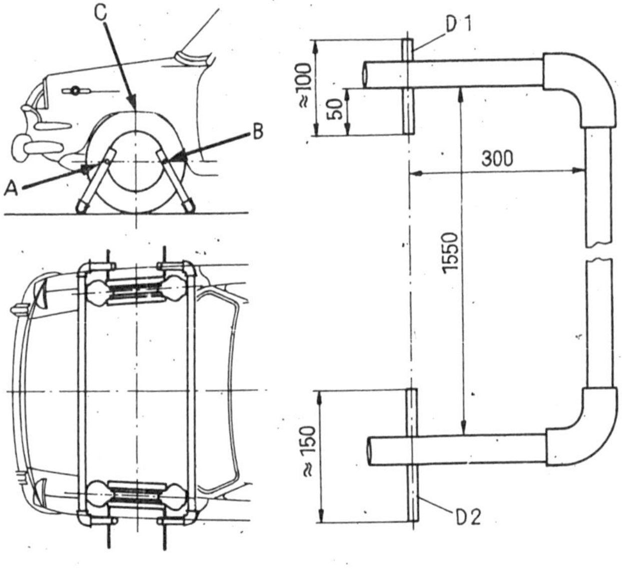

Abb. 48
Das rechts gezeichnete U-förmige Spurmaß entstand aus Wasserrohr (1/2 Zoll) und handelsüblichen Knien, in die die Rohre eingeschraubt sind. Die Pfeile A und B kennzeichnen die Meßstellen bei der Spurmessung. Der Pfeil C weist auf die Kotflügelkante, an der das Lot für die Sturzmessung angebracht wird

Abb. 49
Sturzmessung mit einem Lot, das an der Kotflügelkante befestigt ist

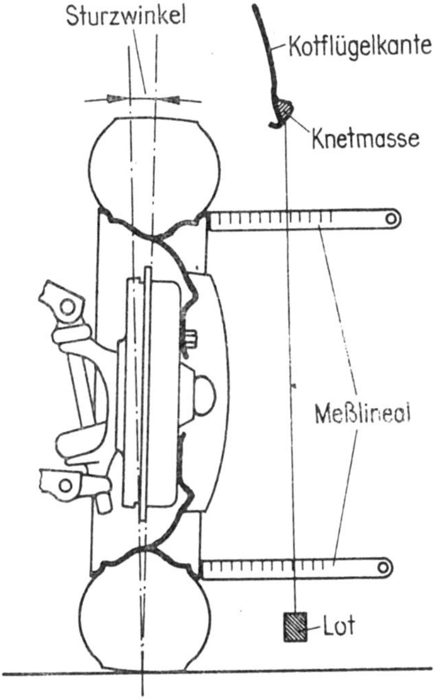

Überfahren von Bodenwellen durch plötzliches starkes Ausschlagen des Lenkrades nach rechts und links bemerkbar machen kann, ist nach unserer Erfahrung eine Abnutzungserscheinung bzw. ein Ausdruck für Unregelmäßigkeiten in der Lenkgeometrie. Wie soll man sich in einem derartigen Fall verhalten?
Wenn diese unangenehmen Flattererscheinungen auftreten, ist es immer noch am sichersten, sofort die Geschwindigkeit zu vermindern und so bald als möglich die folgenden Überprüfungen vorzunehmen oder vornehmen zu lassen:
- Kontrolle der Lenkgeometrie, speziell Vorspur und Sturz
- Kontrolle des Spieles in den Gelenken und Lagern
- Funktionskontrolle der vorderen Stoßdämpfer
- Kontrolle des Zustandes der Reifen (Nachwuchten der Räder, Kontrolle des Luftdruckes; über 60 Prozent abgefahrene Reifen sollten durch neue ersetzt und auf den Hinterrädern weiter genutzt werden).

Bringen alle diese Arbeiten keinen Erfolg, so sollte man eine Vertragswerkstatt konsultieren. Sie verfügt bis zum letztendlichen Einbau eines hydraulischen Teleskopdämpfers über weitere Möglichkeiten zur Beseitigung des Flatterns.

Bremsanlage

Während der 1000 MB an allen vier Rädern mit Trommelbackenbremsen ausgerüstet ist, besitzt der S 100 an den Vorderrädern Scheibenbremsen. Außerdem ist bei ihm die hydraulische Bremskraftübertragung in zwei Brems-

kreise unterteilt. Wie aus der Abbildung 50 ersichtlich, betätigt der erste Kreis die Scheibenbremsen der Vorderräder und der zweite die Trommelbackenbremsen der Hinterräder. Beim Ausfall eines dieser Bremskreise, zum Beispiel durch Undichtheiten im Leitungssystem, fällt nicht die gesamte Betriebsbremse aus, sondern an zwei Rädern bleibt die Bremswirkung voll erhalten.
Störungen am Bremssystem werden beim Bremsen von der roten Leuchte im Kombigerät angezeigt. Ein kurzes Aufflackern dieser Leuchte zeigt die Funktionstüchtigkeit beider Bremskreise an und ist kein Mangel (s. auch Abschnitt „Bremskontrolle").
Die Handbremse wirkt bei beiden Typen mechanisch auf die Hinterräder.

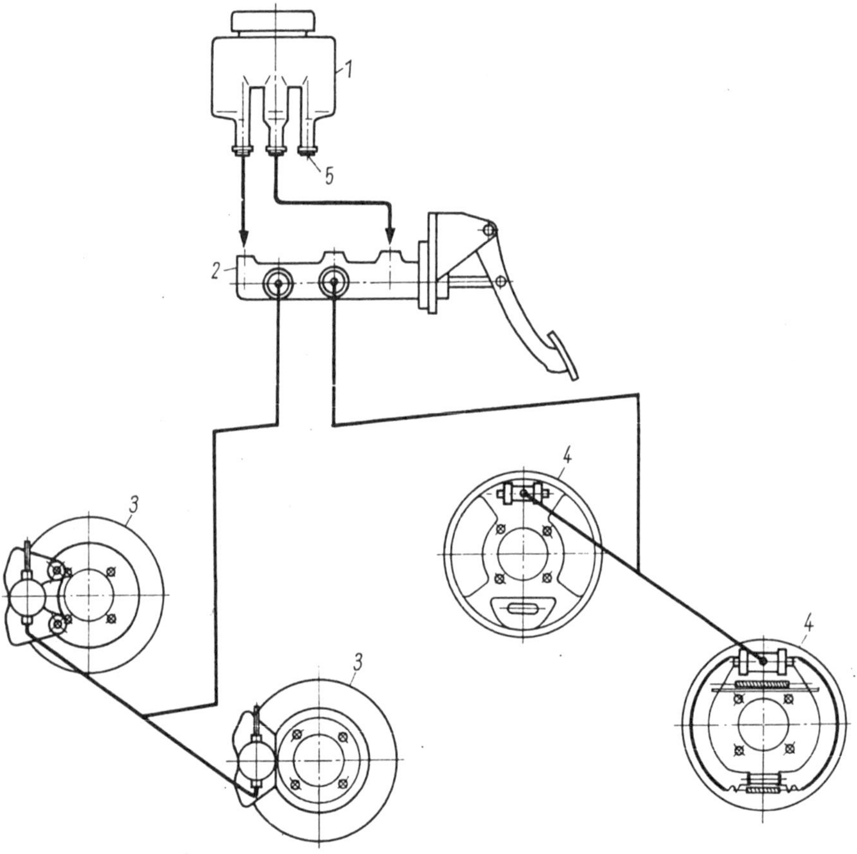

Abb. 50 Hydraulische Bremsanlage des S 100; 1 – Flüssigkeitsbehälter, 2 – Zweikreis-Hauptbremszylinder, 3 – vordere Scheibenbremsen, 4 – hintere Trommelbackenbremsen, 5 – Kupplungshauptzylinder

Bremspedalspiel

Beim Druck auf das Bremspedal wird vom Hauptbremszylinder die Bremsflüssigkeit durch die Rohrleitungen in die Radbremszylinder gedrückt, deren Kolben die Bremsbacken an die Bremsscheiben bzw. an die Bremstrommeln anpressen. Die Bremse ist richtig eingestellt, wenn das Pedal ein Spiel von 5 mm hat und sich nicht weiter als 35 bis 40 mm durchtreten läßt. Der „tote Gang" von 5 mm am Bremspedal ergibt sich durch das Spiel zwischen der Kolbenstange und dem Kolben im Hauptbremszylinder. Dieses Spiel soll 1 mm betragen und kann durch Verdrehen der Einstellschraube auf der Fußhebelkonsole (Abb. 51) reguliert werden.

Abb. 51
Stellschrauben zur Einstellung des Spieles an der Fußhebelkonsole. Der Schmiernippel fiel beim S 100 weg

Bremsbacken nachstellen

Vergrößert sich mit zunehmender Abnutzung der Bremsbeläge der Pedalweg, so muß die Bremse nachgestellt werden. Die Einstellung des Spieles zwischen Bremsbelag und Scheibe der Vorderradbremse am S 100 erfolgt selbsttätig, so daß hier nur die Bremsbacken der Hinterräder nachgestellt werden müssen. Am 1000 MB müssen die Bremsbacken an allen vier Rädern nachgestellt werden.
Zum Nachstellen wird eine Wagenseite mit dem Wagenheber angehoben, bis sich das einzustellende Rad frei dreht. Die auf dem Boden stehenden Räder der gegenüberliegenden Seite sichert man mit Vorlegeklötzern. Für das Nachstellen der Bremsen gibt es keine bestimmte Reihenfolge, so daß man zunächst die Bremsbacken der einen Seite und dann die der anderen Seite nachstellen kann. Die Handbremse muß dabei voll gelöst sein.
Zum Nachstellen hat jede Bremsbacke einen Einstellexzenter, der mit einem 17er Maulschlüssel gedreht werden kann. An jeder Trommelbremse sind also zwei solcher Einstellschrauben zu finden. Der in Fahrtrichtung vordere Einstell-

exzenter ist in Drehrichtung des Rades bei Vorwärtsfahrt, der hintere in entgegengesetzter Drehrichtung zu verstellen. Die betreffende Bremsbacke wird damit bei ständigem Drehen des Rades so weit herangestellt, bis sich das Rad nicht mehr frei drehen läßt. Danach löst man die Backe durch langsames Zurückdrehen des Einstellexzenters so weit, bis sich das Rad gerade wieder frei dreht und die Bremsbacke nicht mehr schleift. Mitunter muß man mehrmals probieren, um die richtige Stellung zu finden. Dieser Arbeitsgang wird an beiden Backen jedes Rades und dann Rad für Rad wiederholt.
Dreht man die Stellschraube zu weit zurück, so wird das Spiel zwischen Bremsbacke und Trommel und damit auch der Pedalweg größer als nötig. Werden die Backen zu weit an die Trommel herangestellt, so können sie während der Fahrt schleifen. Ihr Verschleiß wird dadurch sehr groß.
Schleifende Bremsbacken machen sich durch Erwärmung des Rades bemerkbar. Nach einer längeren Fahrt kann man das zwischen Radkappe und Reifen mit dem Finger fühlen. Sind die Räder an dieser Stelle annähernd gleichmäßig warm, so ist alles in Ordnung. Ist ein Rad wesentlich wärmer als die anderen oder sogar heiß, so schleift zumindest eine Bremsbacke und die Einstellung muß nochmals kontrolliert werden. Erwärmt sich eines der Hinterräder stark, kann der Fehler auch in der Einstellung der Handbremse liegen.
Wird beim Nachstellen der Bremse festgestellt, daß durch das Drehen des Exzenters das betreffende Rad nicht mehr genügend abgebremst wird, so sind die Bremsbeläge durch Abnutzung derart verschlissen, daß die Bremsbacken ausgetauscht werden müssen (s. Abschnitt „Bremsbacken wechseln").

Handbremse einstellen

Die Handbremse ist richtig eingestellt, wenn sich der Handbremshebel bis zur 4. oder 5. Raste anziehen läßt. Läßt er sich weiter oder auch nicht bis zur 4. Raste bewegen, so muß die Handbremseinstellung durch Verkürzen bzw. Verlängern der Bremsseile korrigiert werden.
Beim S 100 kommt man nach Entfernen der Gummimatte und des Verschlußdeckels am Bodentunnel vor den Vordersitzen an die beiden Stellmuttern der Seile heran. Beim 1000 MB ist ein Einstellglied, das in unterschiedlichen Abständen zusammengeschraubt werden kann, unter dem linken Rücksitz angeordnet.
Um die Sicherheit zu haben, daß das Bremsseil nach Lösen der Handbremse vollkommen zurückgeht, ist vor dem Einstellen der Handbremshebel bis zum Anschlag zu lösen und dann wieder bis zur 2. Raste anzuziehen. In dieser Stellung sind die Seile durch Drehen der Bremsseilmuttern bzw. durch Veränderung der Befestigung des Waagebalkens an der Bremszugstange einzustellen.
Bei Frost sollte der Wagen nicht mit angezogener Handbremse abgestellt werden, da schon geringe Mengen von Feuchtigkeit zum Anfrieren der Bremsbacken an den Trommeln ausreichen können.

Abb. 52
Bremssattel der Scheibenbremse; 1 – Führungsbolzen, 2 – Sicherungsspangen

Bremsbacken kontrollieren

Die Bremsbacken sollen je nach Fahrweise nach etwa 10000 bis 15000 km auf Verschleiß kontrolliert werden. Die Kontrolle der Bremsbeläge der Scheibenbremse, auch Bremsklötze genannt, ist nur im ausgebauten Zustand möglich. Nach Abnehmen des Rades sowie nach Entfernen der Sicherung des Führungsbolzens und des Führungsbolzens selbst kann der Bremsklotz herausgezogen werden (Abb. 52).
Zur Kontrolle der Bremsbeläge der Hinterradbremse (beim 1000 MB auch der Vorderradbremse) benötigt man unbedingt einen Bremstrommelabzieher (Abb. 53). Da auch dieses Spezialwerkzeug über den Fachhandel vertrieben wird, besteht für jeden Fahrzeughalter – besser für Sportclubs oder Interessengemeinschaften – die Möglichkeit, die Ausrüstung für die Selbsthilfe mit diesem Werkzeug zu vervollständigen.
Vor dem Abziehen der Bremstrommeln müssen die Räder abgenommen, der

Abb. 53
Abzieher für die hinteren Bremstrommeln

Splint der Achsmutter entfernt und die Achsmutter abgeschraubt werden. Dabei muß die Handbremse gelöst sein. Bei der Montage sind die Achsmuttern der Hinterachse mit einem Drehmoment von 18 bis 20 kpm anzuziehen. Grundsätzlich ist immer ein neuer Splint zur Sicherung zu verwenden (Anziehen der Vorderachsmuttern beim 1000 MB s. Abschnitt „Vorderradlager").
Sind die Voraussetzungen für eine ordnungsgemäße Arbeitsausführung nicht gegeben, empfiehlt es sich, die Verschleißkontrolle, die im Arbeitsumfang einer „Großen Durchsicht" mit enthalten ist, von einer Vertragswerkstatt ausführen zu lassen. Sonst bleibt nur die Möglichkeit, den Zustand der Bremsbeläge durch die Bremswirkung und die Nachstellmöglichkeit der Bremsbacken zu beurteilen. Diese subjektive Methode ist aber nicht ausreichend.
Ist die Abnutzung des Bremsbelages größer als 3 mm, so sind die Bremsbacken auszutauschen. Die Bremsbacken müssen auch dann erneuert werden, wenn sie durch Öl verunreinigt oder auf andere Art beschädigt sind. Sind neue Bremsbeläge erforderlich, so müssen auch die Beläge des anderen Rades der gleichen Achse mit erneuert werden, sonst könnte die Bremse auf Grund der unterschiedlichen Belagabnutzung einseitig ziehen. Natürlich müssen auch die Ursachen bei verölten oder beschädigten Belägen beseitigt werden.

Bremsbacken wechseln

Wenn es notwendig ist, die Bremsbeläge der Scheibenbremse zu erneuern, so müssen die Bremskolben der Bremszylinder vor dem Einbau der neuen Bremsklötze mit einem Schraubenzieher (Abb. 54) in die Null-Stellung zurückgedrückt werden. Zuvor ist aber aus dem Ausgleichbehälter eine ausreichende Menge Bremsflüssigkeit abzusaugen, um zu vermeiden, daß durch das Zurückdrücken der Kolben die Bremsflüssigkeit im Ausgleichbehälter überläuft.
Die Einstellung des Spieles zwischen Belag und Scheibe erfolgt selbsttätig beim

Abb. 54
Scheibenbremse; 1 – Bremsklotz, 2 – Bremskolben bei herausgenommenem Bremsklotz, 3 – Entlüftungsventil, Pfeil: Bewegungsrichtung beim Zurückdrücken des Kolbens

Abb. 55
Trommelbremse;
1 – Radbremszylinder,
2 – Bremsbacke, 3 – Einstellexzenter, 4 – Führungsfeder und -bolzen

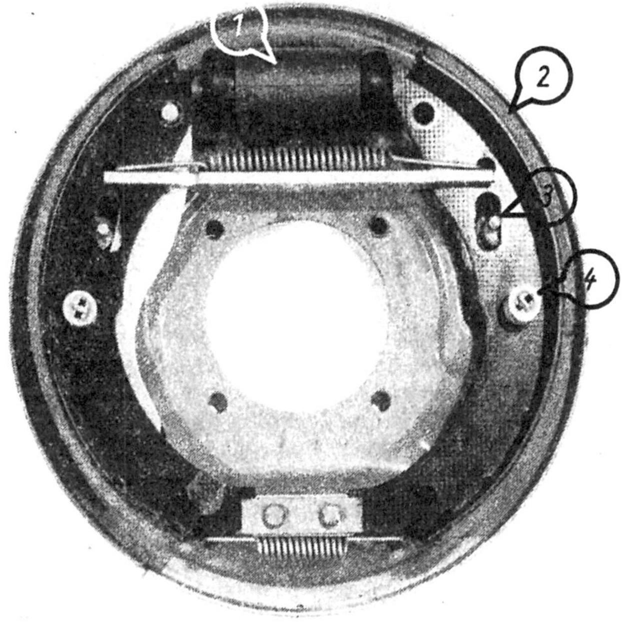

ersten Bremsen. Der Bremsbackenwechsel erfordert kein Entlüften der Bremsanlage. Nach Abschluß der Arbeiten sollte auch das Spiel der Radlager kontrolliert werden (s. Abschnitt „Lagerspiele"). Zum Austausch der Bremsbacken der Hinterradbremse (nach Abziehen der Bremstrommel) müssen die obere und untere Rückzugfeder, die Bremsbackenführungsfeder und die Bremsbackenführungsbolzen entfernt werden (Abb. 55).

Bremskolben sichern

Um zu vermeiden, daß beim Abbau der Bremsbacken die Kolben des Radbremszylinders herausspringen und dadurch ein Entlüften der Bremsanlage erforderlich wird, empfiehlt es sich, die Kolben mit einer Schnur oder einem Draht längs um den Radbremszylinder festzubinden.
Die Bremsexzenter sind vor dem Einbau der neuen Bremsbacken vollkommen zurückzustellen. Es versteht sich von selbst, daß vor der Montage alle Teile ordentlich gereinigt und gangbar gemacht werden. Danach ist die Montage in folgender Reihenfolge durchzuführen: Bremsbacken aufsetzen, Führungsbolzen und Führungsfeder befestigen, untere und obere Rückzugfeder einhängen, Befestigungsschnur bzw. Draht entfernen, Bremstrommel anbauen und Bremse einstellen. Zum Einhängen der Bremsbackenrückzugfedern eignet sich ein spitz angeschliffener Schraubenzieher sehr gut.

Bremsflächen beurteilen

Bei der Verschleißkontrolle der Bremsbeläge sind gleichzeitig der Zustand der Reibflächen der Bremsscheiben und der Bremstrommeln mit zu überprüfen, ebenso die Bremsschläuche, Verbindungsstellen und Bremsrohrleitungen.
Sind Riefen auf der Reibfläche zu erkennen, muß die Bremsscheibe oder Bremstrommel geschliffen bzw. erneuert werden. Die Bremsscheiben können bis auf 7,4 mm abgeschliffen und die Bremstrommeln um maximal 1 mm ausgeschliffen werden.

Hydraulisches System

Die hydraulischen Systeme für die Brems- und Kupplungsbetätigung sind in sich geschlossen und dürfen keine Flüssigkeit verlieren. Monatlich einmal bzw. nach etwa 1500 bis 2000 km sollte der Stand der Flüssigkeit im Ausgleichbehälter kontrolliert werden. Sinkt der Flüssigkeitsspiegel und muß deshalb Flüssigkeit bis zur Marke (10 mm unterhalb der oberen Behälterwand) nachgefüllt werden, so ist das System an irgendeiner Stelle undicht. Eine unverzügliche und eingehende Kontrolle sämtlicher Verschraubungen, Rohrleitungen, Bremsschläuche usw. (Abb. 56 und 57) ist unumgänglich.
Ein starkes Durchtreten des Bremspedals erzeugt einen Überdruck im System und erleichtert die Fehlersuche. Besondere Aufmerksamkeit ist den Schläuchen an der Vorderachse und den Rohrleitungen zu widmen, die Kontakt zur Karosserie haben und dort scheuern können.
Da die hydraulische Kraftübertragung der Kupplung am gleichen Ausgleich-

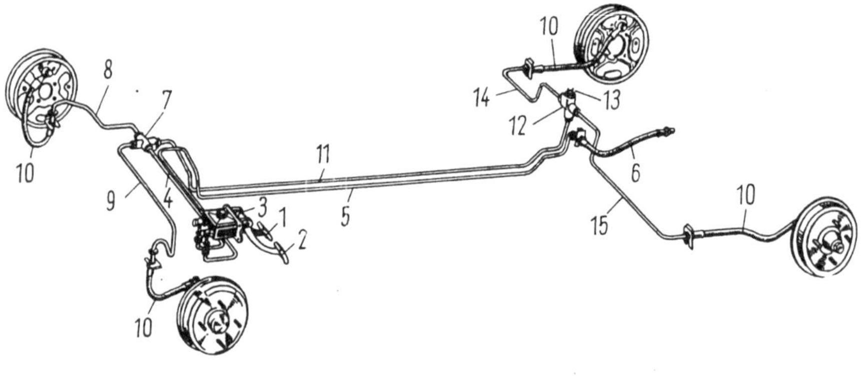

Abb. 56 Leitungssystem der Bremsanlage und hydraulischen Kupplungsbetätigung beim 1000 MB; 1 – Bremspedal, 2 – Kupplungspedal, 3 – Hauptbremszylinder und Hauptkupplungszylinder mit gemeinsamem Ausgleichbehälter, 4 – Bremsrohr zum vorderen Verteiler, 5 – Kupplungsrohr, 6 – Druckschlauch zum Kupplungsdruckzylinder, 7 – Vorderer Verteiler des Bremssystems, 8 – Bremsrohr zum rechten Vorderrad, 9 – Bremsrohr zum linken Vorderrad, 10 – Bremsschläuche, 11 – Bremsrohr zum hinteren Verteiler, 12 – Hinterer Verteiler, 13 – Bremslichtschalter, 14 – Bremsrohr zum rechten Hinterrad, 15 – Bremsrohr zum linken Hinterrad

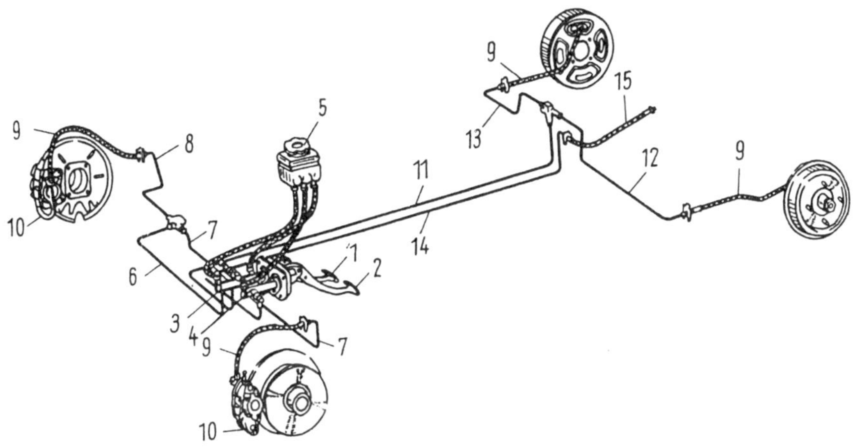

Abb. 57 Leistungssystem der Bremsanlage und hydraulischen Kupplungsbetätigung beim S 100; 1 – Bremspedal, 2 – Kupplungspedal, 3 – Hauptbremszylinder, 4 – Hauptkupplungszylinder, 5 – gemeinsamer Ausgleichbehälter, 6 – Bremsrohr zum vorderen Verteiler, 7 – Bremsrohr zum linken Vorderrad, 8 – Bremsrohr zum rechten Vorderrad, 9 – Bremsschläuche, 10 – Bremsrohr am Bremssattel, 11 – Bremsrohr zum hinteren Verteiler, 12 – Bremsrohr zum linken Hinterrad, 13 – Bremsrohr zum rechten Hinterrad, 14 – Kupplungsrohr, 15 – Druckschlauch zum Kupplungsdruckzylinder

behälter mit angeschlossen ist, kann die Undichtheit auch in diesem Bereich liegen.
Undichte Radbremszylinder erkennt man daran, daß sich an der Innenseite der Reifen Ölstreifen befinden.
Bei einwandfreier Dichtheit des Systems darf das Bremspedal auch bei starkem Durchtreten nicht nachgeben. Befindet sich Luft im Bremssystem, erkennt man das daran, daß das Bremspedal nach dem Durchtreten nicht exakt feststeht, sondern noch federnd nachgibt. Wenn der Pedalweg bei mehrmaligem Durchtreten kurz hintereinander kleiner wird, so deutet das ebenfalls auf Luft im Bremssystem hin. In diesen Fällen muß die Bremse entlüftet werden (s. Abschnitt „Bremsflüssigkeit").

Bremsflüssigkeit

Die Bremsflüssigkeit hat mit den üblichen Schmierölen nichts gemein. Sie darf auch nicht mit anderen Ölen vermischt werden, weil dadurch die ganze Anlage funktionsunfähig werden kann. Leider vertragen sich auch nicht alle Sorten Bremsflüssigkeit miteinander, und die Meinungen über die Mischbarkeit tschechoslowakischer Bremsflüssigkeit mit der in der DDR hergestellten gehen vom generellen Verbot bis zur bedenkenlosen Zustimmung. Wir haben, da beide Bremsflüssigkeiten nach der Spezifikation SAE 70 R 3 hergestellt werden, in unserem Skoda die Bremsflüssigkeit gemischt und konnten bisher keine nachteiligen Auswirkungen feststellen. Eine Plastflasche mit Bremsflüssigkeit sollte man aber ständig im Wagen haben.

Beachtet werden muß, daß die Bremsflüssigkeit nur zeitlich begrenzt verwendbar ist. Durch Feuchtigkeitsaufnahme aus der Atmosphäre, durch Verunreinigung usw. verändert sich die Flüssigkeit. Deshalb muß sie nach etwa 2 Jahren aus dem gesamten System abgelassen und durch neue ersetzt werden. Dazu wird zunächst die im Ausgleichbehälter vorhandene Flüssigkeit abgesaugt und durch neue ersetzt. Die in den Leitungen und Zylindern der Bremse und Kupplung vorhandene alte Flüssigkeit wird durch Öffnen der Entlüftungsschrauben an den Radbremszylindern und am Kupplungsdruckzylinder in festgelegter Reihenfolge mit dem Brems- bzw. Kupplungspedal herausgepumpt. Die Arbeitsweise ist im folgenden Abschnitt beschrieben.
Das Entlüften der Bremsanlage ist keine Wartungsarbeit, die regelmäßig durchgeführt werden muß. Sie ergibt sich stets als Folgearbeit bei Undichtheiten im System und bei dem damit meist verbundenen Austausch eines Teiles (Bremsschlauch, Bremszylinder usw.). Das Entlüften wird stets an dem Radbremszylinder begonnen, der am weitesten vom Hauptbremszylinder entfernt liegt. Daraus ergibt sich folgende Reihenfolge: hinten links – hinten rechts, vorn links – vorn rechts.

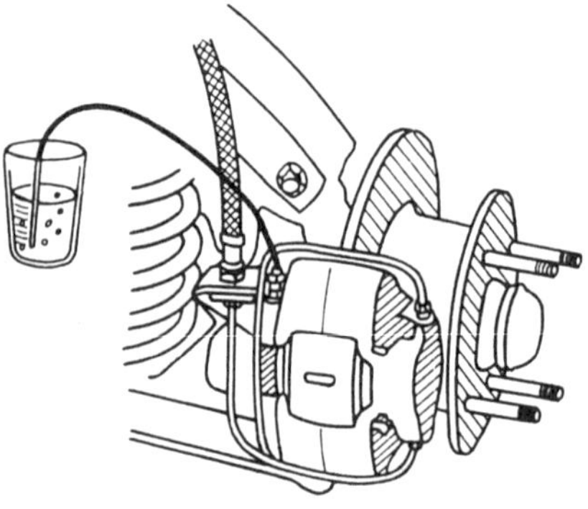

Abb. 58
Entlüftung des Bremssystems, hier am Bremssattel der Scheibenbremse

Zum Entlüften werden ein Entlüftungsschlauch und ein Gefäß (Abb. 58) benötigt. Die Entlüftungsschraube wird am besten mit einem 9-mm-Ringschlüssel um etwa eine Umdrehung gelockert, das Bremspedal von einem Helfer langsam durchgetreten, die Entlüftungsschraube wieder festgezogen und erst danach das Pedal wieder zurückgelassen. Dieser Arbeitsgang ist so oft zu wiederholen, bis im Gefäß keine Luftblasen mehr aufsteigen. Während dieser Arbeiten muß mehrmals die Bremsflüssigkeit im Ausgleichbehälter nachgefüllt werden; er darf nicht leer werden, sonst wird Luft angesaugt.

Mögliche Fehler

Läßt sich das Bremspedal zu weit durchtreten oder wirkt die Bremse erst nach mehrmaligem Treten des Pedals, so gibt es folgende Fehlerquellen:
1. Leuchtet beim S 100 die rote Bremskontrolleuchte, so ist ein Bremskreis

ausgefallen, z. B. durch Undichtheit, fehlende Bremsflüssigkeit. Mit der Beseitigung des Mangels sollte eine Vertragswerkstatt beauftragt werden.

2. Das Spiel zwischen Bremsbelägen und Bremstrommeln kann zu groß sein; die Bremse muß nachgestellt werden.
3. Das Spiel zwischen Bremspedal und Kolbenstange am Hauptbremszylinder kann zu groß sein; es ist neu einzustellen.
4. Der Bremsflüssigkeitsspiegel im Ausgleichbehälter kann zu niedrig liegen; Bremsflüssigkeit hinzugeben und das System auf eventuelle Undichtheit überprüfen.
5. Federt das Pedal beim Bremsen oder läßt es sich federnd bis zum Bodenblech durchtreten, so befindet sich Luft im Bremssystem; die Ursache (Undichtheit) ist zu ermitteln und zu beseitigen, danach ist die Bremse zu entlüften.
6. Ist die Bremswirkung zu gering oder zieht die Bremse einseitig, so sind die Bremsbacken ungleichmäßig nachgestellt, eventuell durch zu strammes Einstellen verbrannt bzw. ungleichmäßig abgenutzt oder durch einen defekten Wellendichtring verölt. Der Zustand der Bremsbeläge muß kontrolliert, gegebenenfalls müssen die Bremsbacken erneuert und die Bremse neu eingestellt werden.

Federn und Stoßdämpfer

Die Schraubenfedern arbeiten wartungsfrei. Einen eventuell notwendigen Wechsel sollte man von einer Vertragswerkstatt ausführen lassen.

Innerhalb der Schraubenfedern sind die doppelt wirkenden Teleskopstoßdämpfer angeordnet, die wesentlich mehr Aufmerksamkeit erfordern. Sie müssen die fehlende Eigendämpfung der Schraubenfedern ausgleichen und die durch Fahrbahnunebenheiten hervorgerufenen Schwingungen dämpfen. Deshalb wirkt jede Funktionsstörung an den Stoßdämpfern negativ auf das gesamte Fahrverhalten (z. B. Flattern der Lenkung, Spuruntreue bei Kurvenfahrt usw.) und kostet durch erhöhten Reifenverschleiß auch Geld.

Eine Sichtkontrolle der Stoßdämpfer ist bei jeder sich bietenden Gelegenheit sehr zu empfehlen. Solange ein Stoßdämpfer kein Öl verliert, erfordert er keine Wartung. Mit einer trockenen und spröden Staub- und Schmutzschicht überzogene Dämpfer funktionieren in den meisten Fällen einwandfrei. Glänzt die Schmutzschicht aber am unteren Teil des Dämpfers feucht und fettig, so liegt Ölverlust vor. Der betreffende Dämpfer muß gewechselt werden.

Die Stoßdämpfer sind oben an der Karosserie angelenkt und unten mit den Schwingachsen verbunden. Die vorderen Dämpfer sind oben vom Kofferraum aus zugänglich, die hinteren nach Abnahme des Ziergitters für den Lufteintritt zu erreichen. Beim Ausbau sind oben die Muttern abzuschrauben sowie die Scheiben und Gummipuffer abzunehmen. Beim Lösen der oberen Mutter empfiehlt es sich, an den parallelen Flächen am oberen Ende der Kolbenstange mit einem 7-mm-Maulschlüssel gegenzuhalten. Nach dem Lösen der Verschraubung am unteren Querlenker (vorn) bzw. am Längslenker (hinten) kann der Stoßdämpfer mit seinem unteren Halter nach unten herausgezogen werden.

Dämpfkräfte beurteilen

Die Funktion kann beim ausgebauten Stoßdämpfer durch manuelles Auseinanderziehen und Zusammendrücken in senkrechter Stellung geprüft werden. Obwohl diese Methode subjektiven Einflüssen unterliegt, reicht sie zur Beurteilung des Zustandes der Dämpfer meist aus. Bei dieser Prüfung ist es vorteilhaft, die untere Befestigung oder den oberen Teil der Kolbenstange in einen Schraubstock einzuspannen.
Als Richtwert zur Beurteilung dienen die Dämpfkräfte. Sie sollen beim Auseinanderziehen und Zusammendrücken die folgenden Werte haben:

Vordere Stoßdämpfer:
Zug 93 ± 10 kp Druck 34 ± 5 kp
Hintere Stoßdämpfer:
Zug 78 ± 8 kp Druck 40 ± 6 kp

Um zu vermeiden, daß beim Auseinanderziehen des Dämpfers die Staubkappe abgerissen wird, empfiehlt es sich, die oberen Gummipuffer und die Befestigungsmuttern vorher wieder zu montieren. Ergibt die Prüfung, daß die Dämpfkraft nicht gleichmäßig während des ganzen Hubes des Dämpfers wirkt, so muß der Dämpfer instandgesetzt werden.
Beim 1000 MB wurden teilweise Monroe-Stoßdämpfer – äußerlich erkennbar an der fehlenden Staubkappe – verwendet. Sie müssen bei einem Defekt ausgetauscht werden, da eine Selbstinstandsetzung nicht möglich ist.
In den meisten Fällen wird die Prüfung ergeben, daß die Dämpfer sich anfangs nur schwer, gegen Ende des Hubes aber plötzlich leicht auseinanderziehen lassen. Diese Dämpfer haben Öl verloren, wobei mit zunehmendem Ölverlust der Leerhub immer größer und damit die Dämpfungseigenschaft immer schlechter wird.

Stoßdämpfer instandsetzen

Die Dämpfer müssen zerlegt, gereinigt und neu mit Stoßdämpferöl gefüllt werden. Für die Stoßdämpfer der Vorderachse sind je 100 cm^3 Stoßdämpferöl

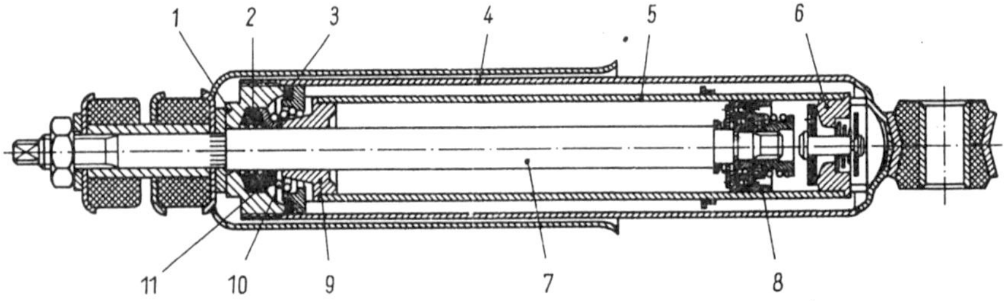

Abb. 59 Stoßdämpfer; 1 – Verschraubung, 2 – Labyrinthdichtung, 3 – Dichtring, 4 – Mantelrohr, 5 – Zylinder, 6 – Bodenventil, 7 – Kolbenstange, 8 – Kolben, 9 – Führungsstück, 10 – Druckfeder, 11 – Druckplatte

erforderlich, die hinteren Dämpfer benötigen je 160 cm^3. Diese Ölmengen müssen genau eingehalten werden. Wird zuviel Öl eingefüllt, steigt die Dämpfkraft so hoch an, daß Schäden auftreten können.
Beim Nachfüllen müssen meist die Dichtung der Verschlußschraube und die Labyrinth-Dichtungen der Kolbenstange erneuert werden (Abb. 59). Damit die Dichtlippen der Labyrinth-Dichtungen beim Aufschieben auf die Kolbenstange nicht beschädigt werden, umwickelt man die scharfkantigen Absätze und das Gewinde der Kolbenstange tütenförmig mit Wachs- oder Transparentpapier. Für das Einfetten der Dichtungen empfiehlt der Hersteller Schmierfett mit einem Zusatz von 10 Prozent Molybdändisulfid.
Die Einstellung der Ventile am Kolben des Dämpfers und am Boden des Zylinders ist maßgebend für die Dämpfkraft. Diese Ventile dürfen nicht verstellt werden.
Fällt ein Stoßdämpfer nach längerer Laufzeit (etwa 30 000 km oder mehr) durch Ölverlust aus, so sollte man ihn auswechseln, denn der Verschleiß ist nach dieser Laufzeit so weit fortgeschritten, daß die Dämpfkraft schon erheblich nachgelassen hat. Eine neue Ölfüllung allein macht einen solchen Dämpfer nicht wieder voll funktionstüchtig.

Hinterachse

Wie Abbildung 60 zeigt, sind die Halbachsen am Getriebegehäuse gelenkig und durch die mit den Halbachsen fest verbundenen Längslenker an der Karosserie elastisch verankert. Das Wechselgetriebe und das Ausgleichgetriebe sind in einem Gehäuse vereint und haben eine gemeinsame Ölfüllung. In dem im Abschnitt „Getriebe" beschriebenen Ölwechsel ist der Ölwechsel der Hinterachse mit eingeschlossen. Die Radlager haben eine Dauerfettfüllung und werden zum Teil auch vom durchsickernden Getriebeöl geschmiert, das vom Ausgleichgehäuse durch die Achsrohre zu den Lagern gelangt.
Alle 10 000 km müssen die beiden Ablaufschrauben (s. Abb. 60) mit einem 9-mm-Schlüssel herausgeschraubt und das überflüssige Öl abgelassen werden. Dadurch wird vermieden, daß das Öl durch die Wellendichtringe in die hintere Bremse eindringt und Störungen in der Bremsanlage hervorruft. Fließt nach dem Herausschrauben der Ablaßschrauben kein Öl, so ist das ein Zeichen für exakt abdichtende Wellendichtringe.

Radlager

Durch Rütteln am Hinterrad des hochgebockten Fahrzeuges kann der Zustand des Radlagers kontrolliert werden. Defekte Radlager machen sich durch ein größeres Spiel bemerkbar, das beim Durchtreten des Bremspedals oder beim Anziehen der Handbremse verschwindet. Mit dem Radlagerwechsel beauftragt man eine Vertragswerkstatt.
Bleibt das Spiel auch bei angebremstem Rad, so kann das am Ausgleichgetriebe gelenkig befestigte Achsrohr locker sein. In diesem Falle müssen die insgesamt

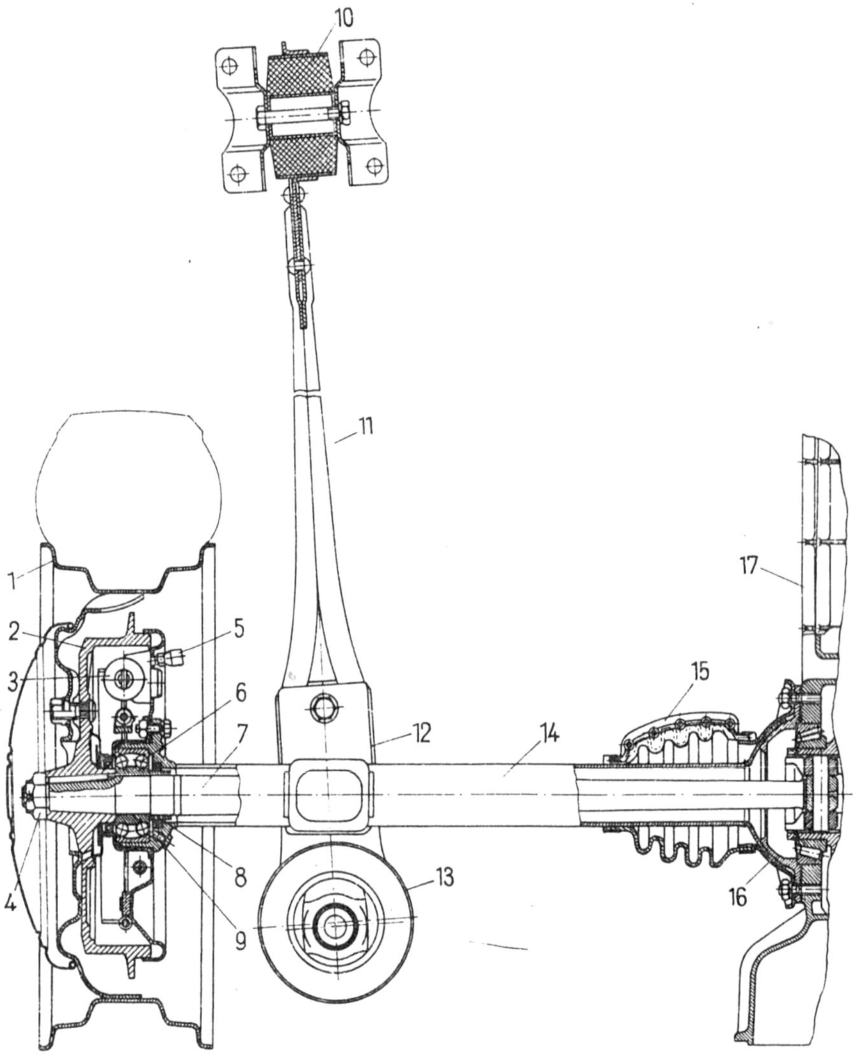

Abb. 60 Hinterachse; 1 – Felge, 2 – Bremstrommel, 3 – Radbremszylinder, 4 – Kronenmutter mit Splint, 5 – Entlüftungsschraube, 6 – Pendelkugellager 2306, 7 – Achswelle, 8 – Stützring zur axialen Festlegung des Lagerinnenringes, 9 – Ölablaßschraube, 10 – Gummigelenk des Längslenkers an der Karosserie, 11 – Längslenker, 12 – Verschraubung des Längslenkers am Achsrohr 13 – Aufnahme der hinteren Schraubenfeder, 14 – Achsrohr, 15 – Manschette, 16 – kugelige Anlenkung des Achsrohres am Ausgleichgetriebe, 17 – Getriebe

6 Muttern des betreffenden Deckels (s. Abb. 60) nachgezogen werden. Das sollte, bedingt durch die ständigen Erschütterungen während der Fahrt, von Zeit zu Zeit mit allen Schraubverbindungen geschehen.

Manschetten

Die Gelenkmanschetten (s. Abb. 60) erfordern keine Wartung, man sollte aber auf eventuell vorhandene Beschädigungen achten. Grundsätzlich müssen beschädigte Manschetten unverzüglich gewechselt werden.
Wird eine Manschette durch Steinschlag oder ähnliches während der Fahrt beschädigt und besteht keine Möglichkeit, sie zu wechseln, so sollte man versuchen, die beiden Klemmstreifen mit einem Schraubenzieher zu lösen und die Manschette mit der beschädigten Stelle nach oben zu drehen, anderenfalls tritt das Öl aus. Ferner muß der Ölstand im Ausgleichgetriebe sicherheitshalber kontrolliert und gegebenenfalls Getriebeöl nachgefüllt werden.
Sobald wie möglich ist die defekte Manschette zu erneuern. Dazu ist das Öl aus dem Ausgleichgetriebegehäuse abzulassen. Die beiden Klemmstreifen werden nach dem Abschrauben entfernt, und die alte Manschette wird herausgeschnitten. Die Ersatzmanschetten sind geteilt ausgeführt und können auch mit Schrauben M 4 anstelle der Nietverbindungen montiert werden. Unter die Schraubenköpfe und Muttern kommen Unterlegscheiben.
Sauberkeit ist beim Manschettenwechsel besonders an den Dichtflächen wichtig. Um die Dichtheit von vornherein zu gewährleisten, streicht man die Dichtflächen mit einem Dichtungsmittel (dicke Farbe eignet sich auch) ein. Zum Schluß wird wieder Öl aufgefüllt.

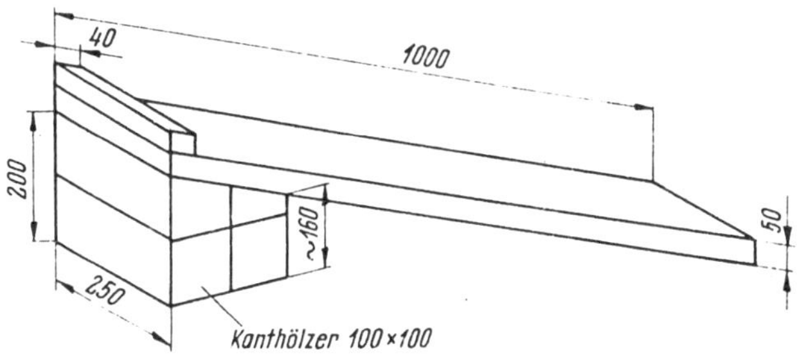

Abb. 61
Auffahrrampe zum Anheben einer Achse

Steht für diese Montagearbeit keine Grube oder Hebebühne zur Verfügung, so kann man sich mit zwei etwa 25 cm breiten Auffahrrampen (Abb. 61) helfen, die aus Bohlen und Kanthölzern hergestellt werden. Diese Rampen werden hinter die Hinterräder gestellt und entsprechend der Radspur ausgerichtet. Dann wird das Fahrzeug mit der Hinterachse hochgefahren und durch keilförmige Vorlegeklötze gegen Abrollen gesichert.

Räder und Bereifung

Die am 1000 MB und S 100 verwendeten Felgen ($4^1/_2 J \times 14$) sind miteinander austauschbar und können für alle Reifensorten – Normalreifen 155-14, Chemlonreifen 155-14 und Radialreifen 155 SR 14 – verwendet werden. Die Felgen bedürfen keiner Wartung, sind aber von Zeit zu Zeit auf äußere Beschädigungen (verbeultes Felgenhorn durch Anfahren an Bordsteinkanten) und auf den Zustand der Befestigungslöcher zu kontrollieren. Der Felgenkonus wird leicht durch den übertrieben kräftigen Gebrauch des Radmutterschlüssels beschädigt.
Damit die Felgen beim Nachziehen der Radmuttern bzw. beim Radwechsel nicht verspannt werden, sind die Radmuttern grundsätzlich über Kreuz anzuziehen, also nach der ersten Mutter die gegenüberliegende usw.
Die Reifen beeinflussen in hohem Maße das Fahrverhalten des Wagens, und ihr Zustand ist von ausschlaggebender Bedeutung für die Verkehrssicherheit. Deshalb verdienen sie – nicht zuletzt aus ökonomischer Sicht – besondere Aufmerksamkeit. Bei sachgemäßer Behandlung und ständiger Wartung und Pflege sind – unter Berücksichtigung der gesetzlich vorgeschriebenen Mindestprofiltiefe von 1 mm – Laufleistungen bei Diagonalreifen von mindestens 30 000 km zu erzielen. Die auf die Laufleistung mindernd wirkenden Faktoren lassen sich nach ihrer Wertigkeit in folgende Gruppen einteilen:
- zu geringer bzw. zu hoher Luftdruck
- technische Mängel am Fahrwerk
- fehlerhafte Montage, Reparatur oder Behandlung
- falsche Fahrweise

Luftdrücke

Die Niederquerschnittreifen des Skoda brauchen vor allem den der jeweiligen Belastung des Wagens entsprechenden Luftdruck. Ein bis zwei Zehntel Druckverlust bedeuten bei einem Luftdruck von 1,4 at Überdruck beispielsweise schon eine empfindliche Reduzierung der Tragfähigkeit. Ein um 30 Prozent verminderter Luftdruck entspricht einer Überlastung der Reifen um 40 Prozent und hat eine Verkürzung ihrer Laufleistung um 50 Prozent zur Folge. Durch die Überlastung bzw. den zu geringen Luftdruck werden die Seitenwände stärker als zulässig geknickt, der Reifenunterbau ermüdet schneller und bricht schließlich. Dadurch fällt der Reifen vorzeitig aus. Er ist dann auch nicht mehr runderneuerungsfähig.
Ebenso nachteilig wirkt sich das Fahren mit zu hohem Luftdruck aus. Dabei ergeben sich Spannungen im Cordgewebe, die frühzeitig zu Ermüdungserscheinungen führen. Ein zu hart gefahrener Reifen ist aber auch sehr bruchanfällig, besonders bei hohen Geschwindigkeiten auf schlechten Straßen.
In der Regel werden auch die Skoda-Reifen mit zu hohem Luftdruck gefahren, da sich die vom Hersteller angegebenen Luftdruckwerte auf die volle Belastung

des Wagens beziehen und der in der Praxis überwiegenden Teilbelastung mit eln bis zwei Personen nicht entsprechen. Wir haben bei unserem Skoda S 100 die Achslasten bei verschiedener Belastung des Wagens auf der Waage ermittelt. Dabei ergaben sich folgende Werte:

Belastung	Leermasse fahrfertig mit Ausrüstung	2 Personen vorn + 30 kg im Kofferraum	4 Personen + 30 kg im Kofferraum
Achslast vorn	340 kg	460 kg	500 kg
Achslast hinten	530 kg	580 kg	660 kg

Von diesen Werten lassen sich die Radlasten (halbe Achslast) und die entsprechend der Tragfähigkeit der Reifen erforderlichen Mindestluftdrücke ableiten.
Die folgende Zusammenstellung enthält die Tragfähigkeitswerte und die dazugehörenden Luftdrücke für den Pneumant-Reifen 155-14. Für die tschechoslowakischen Chemlon-Reifen gibt der Reifenhersteller sogar noch ein wenig höhere Tragfähigkeiten bei gleichen Luftdrücken an. Die hier fettgedruckten Zahlen wurden dem Pneumant-Reifen-Katalog entnommen, die übrigen Werte von uns eingefügt.

Tragfähigkeit (kp)	230	245	**260**	280	**295**	315	330	**350**
Luftüberdruck (kp/cm^2)	1,0	1,1	**1,2**	1,3	**1,4**	1,5	1,6	**1,7**

Entsprechend diesen Werten würden bei Belastung mit zwei Personen vorn 1,0 kp/cm^2 und hinten 1,4 kp/cm^2 Luftüberdruck ausreichen. Wir fahren aus Sicherheitsgründen vorn 1,2 kp/cm^2 und hinten 1,6 kp/cm^2. Diese Luftdrücke reichen auch für die Belastung mit vier Personen aus. Deshalb benutzen wir diese Luftdrücke ständig und haben damit auch im Hinblick auf den Reifenverschleiß gute Erfahrungen gemacht. Nur bei voller Belastung des Wagens (375 kg Nutzlast) stellen wir die in der Betriebsanleitung genannten Luftüberdrücke ein: vorn 1,4 kp/cm^2, hinten 1,8 kp/cm^2.

Bei der Kontrolle des Luftdruckes, die in bestimmten Zeitabständen stets am kalten Reifen und grundsätzlich vor Antritt jeder größeren Fahrt vorgenommen werden sollte, verläßt man sich am besten auf den eigenen Prüfer, dessen Anzeigewerte man ab und zu mit einem anderen Gerät vergleicht.
Die Dichtheit des Ventils läßt sich mit etwas Flüssigkeit prüfen. Bildet sich über der Öffnung eine Luftblase, ist das Ventil undicht. Oft genügt es schon, nochmals ein wenig Luft abzulassen oder den Ventileinsatz nachzuziehen, um die Abdichtung wieder herzustellen. Wird das Ventil auch damit nicht dicht, muß der Ventileinsatz erneuert werden. Die aufgeschraubte Ventilkappe dichtet in den seltensten Fällen, sie schützt nur vor Schmutz.

Radaustausch

Defekte Stoßdämpfer, Fehler an der Radeinstellung – besonders Sturz und Vorspur – sowie Unwucht der Räder bedingen erhöhten Reifenverschleiß. Am Reifenlaufbild (Abb. 62) lassen sich derartige Mängel erkennen.
Die Betriebsanleitung des Skoda empfiehlt, die Reifen nach etwa 5000 bis 7000 km rundum auszutauschen. Unter den Fachleuten gibt es dazu geteilte Auffassungen, denn durch den Radtausch wird das Laufbild verfälscht. Dadurch werden technische Mängel unter Umständen zu spät oder überhaupt nicht erkannt. Wir haben bei unserem Skoda mit dem regelmäßigen Räderaustausch gute Erfahrungen gemacht und nicht darauf gewartet, daß sich irgendwelche Fahrwerksmängel an den Reifen zeigen. Die Mängel lassen sich auch bei den turnusmäßigen Wartungs- und Überprüfungsarbeiten erkennen und beseitigen. Das Radaustauschschema zeigt Abbildung 63.
Weiterhin ist es ratsam, bei jedem Radtausch auch die Unwucht zu prüfen und wenn nötig durch Auswuchten der Räder zu beseitigen.

Abb. 62
Falsche Radeinstellung (Spur und Sturz) führte zur einseitigen Abnutzung des linken Reifens. Die Auswaschungen am mittleren Reifen sind durch einen defekten Stoßdämpfer entstanden. Der rechte Reifen hat dieselbe Laufleistung bei richtiger Radeinstellung und einwandfreiem Stoßdämpfer

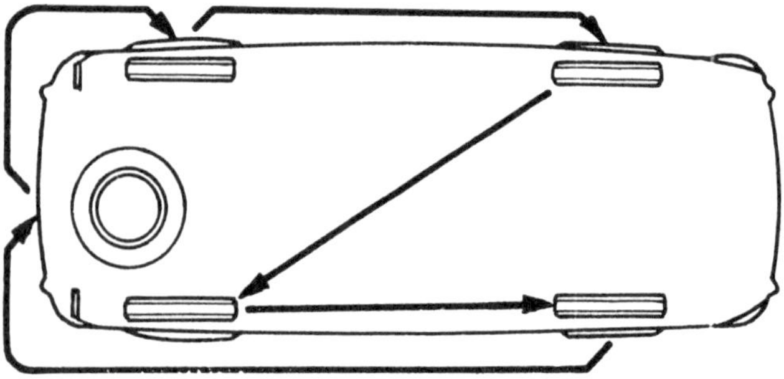

Abb. 63
Schema des Radaustausches

M + S- oder Radialreifen?

Die Anschaffung von M + S-Reifen ist – selbstverständlich unter Berücksichtigung des spezifischen Fahrzeugeinsatzes – reiflich zu überlegen. Sicherlich wird durch ihre besondere Profilausführung eine gute Griffigkeit bei Matsch und Schnee erzielt, aber der Erfolg kann nach unserer Meinung mit wesentlich geringeren Mitteln erreicht werden (z. B. Schneeketten).
Radialreifen sind im Gegensatz dazu sehr zu empfehlen. Sie haben gegenüber den Diagonalreifen bedeutende Vorteile und verbessern auch die Wintertauglichkeit. Radialreifen haften z. B. in Längs- und Querrichtung besser auf der Fahrbahn. Diese Eigenschaften wirken sich bei der Spurhaltung, beim Anfahren, Beschleunigen, bei Kurvenfahrt und beim Bremsen positiv aus. Ferner haben sie einen geringeren Rollwiderstand und erreichen auch höhere Laufleistungen.

Karosserie

Karosserien werden im allgemeinen recht stiefmütterlich behandelt, obwohl gerade sie als teuerste Baugruppe des Kraftfahrzeuges besondere Pflege- und Wartungsarbeiten erfordern; denn der Hauptfeind der Karosseriebleche ist und bleibt der Rost. Laufleistungen der Hauptbaugruppen von 80 000 bis 100 000 km sind bewiesene Praxis. Sie erfordern eine Lebensdauer der Karosserie von 6 bis 10 Jahren, die aber ohne Eigeninitiative nach unserer Meinung nicht erreicht werden kann.
Daß die Bleche des Skoda zu dünn seien und die Lebensdauer der Karosserie deshalb unter dem Durchschnitt läge, ist ein Irrtum. Die Profilbleche des tragenden Skeletts sind 0,5 bis 2 mm dick, die großflächigen Teile des Skeletts und die Außenhäute haben Blechstärken von 0,7 bis 0,8 mm. Das sind durchaus übliche Blechstärken, wie sie bei den Pkw international verwendet werden.

Fahrzeugobenpflege

Die regelmäßige Wagenwäsche mit Schwamm und viel Wasser ist wichtig, in den Wintermonaten sogar noch wichtiger als im Sommer, da hier die chemischen Auftaumittel die Korrosion fördern.
Auch neue Fahrzeuge können mit schaumbildenden und lackschonenden Shampoons gewaschen werden, denn die Regel, daß der Lack etwa einen Monat lang aushärten muß, wird meist schon dadurch eingehalten, daß zwischen der Lackierung im Herstellerwerk und der ersten Wagenwäsche durch den Fahrzeughalter dieser Zeitraum verstrichen ist.
Bei der Wahl des Konservierungsmittels muß beachtet werden, daß in manchen Mitteln, z. B. in „Globo-Polish" und „Autopolitur", Schleifmittelzusätze enthalten sind. Diese Mittel sind für ältere Lacke bestimmt, die bereits

Verwitterungserscheinungen zeigen. Bei einwandfreiem Lack bzw. Neufahrzeugen empfehlen sich Pflegemittel ohne schleifende Wirkung, z. B. „Globo-Autobalsam" und „Globo-Autoglanz".
Die Kontrolle der Karosserie auf kleinere Lackschäden, hervorgerufen beispielsweise durch Steinschlag, sollte so oft wie möglich durchgeführt und der Schaden durch Auftragen des mitgelieferten Reparaturlackes sofort behoben werden. Das Nachlackieren der unbearbeiteten Schnittkanten, an denen der Lack nicht besonders gut hält und der Rost sich deshalb zuerst zeigt, ist nach unserer Erfahrung dagegen wenig wirksam. Der Rost kommt hier vor allem aus den Blechüberlappungen und Punktschweißnähten und muß auch von dort aus bekämpft werden (s. Abschnitt „Hohlraumkonservierung").
Bei der Chrompflege haben wir mit den Pflegemitteln „Chromglanz" für die verchromten Stahlteile und „Elster-Glanz" für die Aluminiumteile gute Erfahrungen gemacht. Zur Konservierung dieser Teile im Winter eignet sich entweder Elaskon K 60 oder Chromschutzlack. Wir koservieren mit dem roten oder braunen Chromschutzlack. Dieses Mittel hat den Vorteil, daß mit einem Blick zu sehen ist, ob der Schutzfilm noch einwandfrei oder beschädigt ist. Beschädigte Stellen werden dann einfach nachgestrichen.
Auch die Gummidichtungen bedürfen einer Pflege. Das Einreiben mit Glyzerin hat den Vorteil, daß sie nicht so schnell spröde und rissig werden. Speziell im Winter verhindert Glyzerin das Anfrieren der Türdichtungen. Ansonsten eignet sich zur Gummipflege auch Talkum.

Fahrzeuguntenpflege

Karosserieboden und Radkästen sind mit einem auf Bitumenbasis aufgebauten Korrosionsschutz- und Antidröhnanstrich versehen, was die Fahrzeuguntenpflege relativ einfach macht. Nach Säubern des Unterbodens mit viel Wasser kontrolliert man den Schutzanstrich auf Beschädigungen und bessert die beschädigten Stellen nach vorherigem Entfetten aus. Im übrigen reicht es nach unserer Erfahrung aus, den Unterboden einmal jährlich (vor dem Winter) mit Elaskon K 60 einzusprühen. Dieses Mittel ist wasserunlöslich, gegen Laugen und Salze beständig und greift den Antidröhnanstrich nicht an.

Hohlraumkonservierung

In den Versteifungsprofilen, an schlecht zugänglichen Kanten und Ecken der Karosserie bildet und sammelt sich Kondenswasser, das nach längerer Zeit das gefürchtete Durchrosten der Karosserie von innen nach außen bewirkt. Je früher man mit der Hohlraumkonservierung beginnt, um so besser und anhaltender ist die Wirkung. Bei älteren Fahrzeugen kann der Rostfraß damit zwar nur im gewissen Umfang gestoppt werden, bei neuen oder neueren Fahrzeugen ist das Ergebnis jedoch ein viel besseres. Wir haben beispielsweise mit Elaskon K 60 gute Erfahrungen gemacht, wobei wir dem Elaskon etwas Ferroform beimischten; bei neuen Fahrzeugen auf 2 Liter Elaskon etwa 100 cm^3, bei älteren

Fahrzeugen im Verhältnis 1:1. Ferroform ist ein dünnflüssiges, graphithaltiges Kriechöl von enormer Ausbreitungsfähigkeit und ermöglicht dadurch den Schutz der Punktschweißnähte und Blechüberlappungen. Das Mischen von Elaskon mit Ferroform hat nach unserer Meinung darüber hinaus den Vorteil, daß das Elaskon nicht so schnell fest wird.
Zum Versprühen des Elaskon eignen sich vorzugsweise solche Sprühgeräte, bei denen die Luft die Förderung des Sprühmittels vom Behälter durch den Sprühschlauch bis zur Düse übernimmt, während ein spezieller Dralleinsatz innerhalb der Düse für die luftlose Verwirbelung des Sprühstrahles sorgt. Der im Handel erhältliche Becas-Sprüher arbeitet nach diesem Prinzip. Der Außendurchmesser seiner Sprühdüse beträgt nur 11 mm, und der Schlauch ist lang genug, um damit alle Hohlprofile zu erreichen.

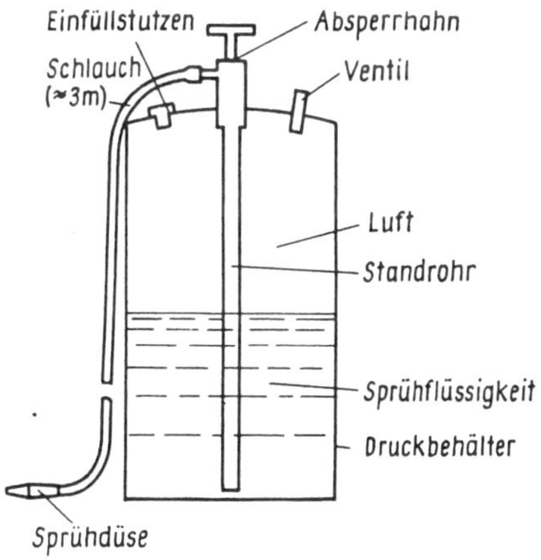

Abb. 64
Sprühgerät für die Hohlraumkonservierung

Wir haben uns ein etwas größeres Gerät (Abb. 64) selbst gebaut und arbeiten mit der gleichen Düse, aber mit einem Überdruck von 6 at. Damit werden bei einem Arbeitsgang mit Sicherheit alle Innenflächen des jeweiligen Hohlraumes benetzt. Bei Überdrücken unter 3 at ist das nicht immer der Fall. Je nach Lage der Düse im Hohlraum können die abseits der Sprührichtung liegenden Partien trocken bleiben. Mit dem Becas-Sprüher empfiehlt es sich daher, jeden Hohlraum zweimal auszusprühen.

Gefährdete Hohlräume

Die Hohlraumkonservierung sollte mindestens einmal jährlich erfolgen. Der Zeitpunkt ist aber so zu wählen, daß man weitgehend sicher sein kann, daß die Hohlräume trocken sind. Im Frühjahr ist das erfahrungsgemäß noch nicht der Fall. Am besten eignet sich der Hochsommer oder der Herbst für diese Arbeit.
Wo liegen die gefährdeten Hohlräume im Fahrzeug? Die Abbildung 65 zeigt sie und der nachfolgende Text beschreibt, w o und w i e zu konservieren ist.

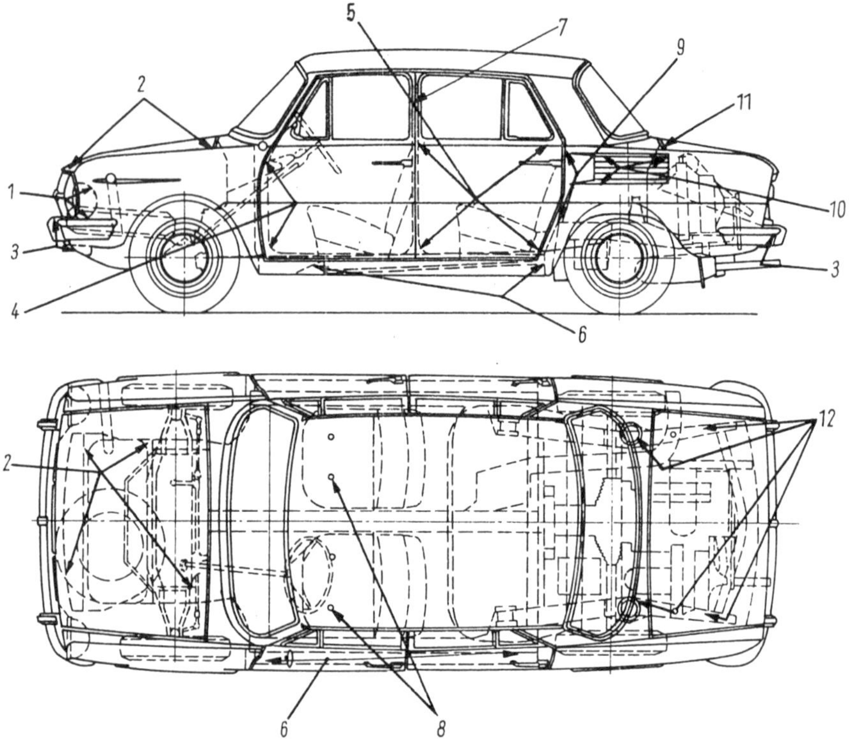

Abb. 65 Lage der Hohlräume in der Karosserie; 1 – Scheinwerfer, 2 – Kofferraum und Kofferraumdeckel, 3 – Stoßstange, 4 – vorderer Türholm, 5 – Tür, 6 – Türschweller, 7 – Türmittelholm, 8 – Hohlprofil am Vordersitz, 9 – hinterer Türholm, 10 – Kühlluftkanal, 11 – Motorhaube, 12 – hinterer Längsträger

1. Scheinwerfer

Scheinwerfergehäuse, Kotflügelrand am Scheinwerferumfang und Innenseiten der Zierringe werden besprüht. Der Scheinwerfer wird dabei wie beim Biluxlampenwechsel herausgeklappt.

2. Kofferraum

Der Kofferraum wird zunächst restlos ausgeräumt. Befindet sich Wasser am Kofferraumboden, so ist der Kofferraum nach dem Austrocknen abzudichten. Dazu eignen sich Abdichtmittel, die auf Bitumenbasis hergestellt sind. Die Verbindungsstellen zwischen Kofferraumboden und Kotflügelseitenteil sowie Tank werden mit dieser Masse dick nachgestrichen, gleichfalls die Durchführung des Benzinschlauches im Kotflügelseitenteil. Ausgesprüht werden der Hohlraum vorn im Kofferraumboden und der Kofferraumdeckel zwischen Außenhaut und Verstrebung. Durch die in den Verstrebungen vorhandenen Löcher kann der Sprühschlauch eingeführt werden.

3. Stoßstangen
Die Stoßstangeninnenseiten werden eingesprüht, denn auf den Hohlflächen haftet die Chromschicht schlechter als auf den erhabenen Flächen. Deshalb sind die Innenseiten besonders rostgefährdet.

4. Vordere Türholme
Ist die Kunstlederverkleidung zwischen den Radkästen und den Türen gelöst, ist mit dem Sprühschlauch durch das etwa 40 mm große Loch der gesamte Hohlraum zu erreichen.

5. Türen
Die Türscheiben sind nicht wasserdicht eingesetzt. An den Türkanten befinden sich deshalb Abflußschlitze, die aber in der Praxis häufig mit Schmutz verstopft sind. Zur Konservierung der Türen müssen daher die Türverkleidungen abgebaut werden. Dazu sind die Armstützen (mit Kreuzschlitzschraubenzieher) abzuschrauben und die Seitenfensterkurbeln, Türdrücker und Drehgriffe für die Ausstellfenster abzunehmen. Diese Betätigungshebel werden von einem Stift auf einer Vierkantwelle (Abb. 66) gehalten. Die Drehgriffe für die Ausstellfenster beim S 100 hält eine Feder auf der Vierkantwelle, sie können ohne Hilfsmittel abgezogen werden. An den Kanten sind die Türverkleidungen mit Klemmfedern (Abb. 67) befestigt.
Nach Abnahme der Türverkleidungen sind, wenn erforderlich, die Abflußschlitze an den Türunterkanten vom Schmutz zu befreien. Mit dem Sprühschlauch können nun die Türinnenseiten, besonders die Ecken und Fensterrahmen, konserviert werden. Eine Funktionskontrolle der Kurbelapparate, verbunden mit einer Prüfung aller Schrauben auf festen Sitz und Nachfetten der Kurbelmechanismen, sollte bei dieser Gelegenheit nicht versäumt werden.

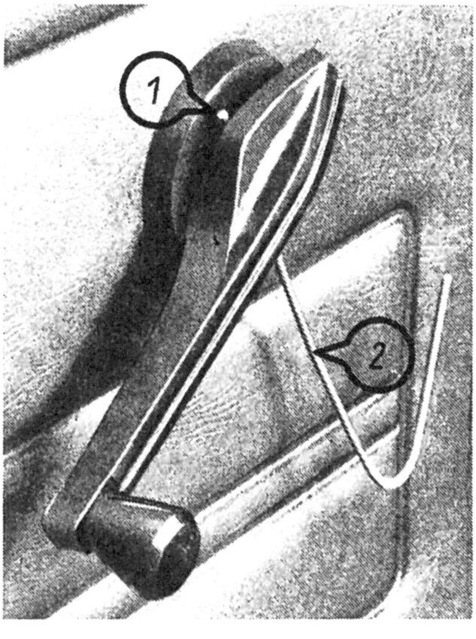

Abb. 66
Der Stift (1) wird nur von dem unter Federdruck stehenden Kunststoffring gehalten und kann mit einem Draht (2) herausgedrückt werden

Abb. 67
In diesen Bohrungen (Pfeile) stecken die sechs Klemmfedern zur Befestigung der Türverkleidung. Sie müssen bei Abnahme der Verkleidung einzeln mit einem Schraubenzieher herausgedrückt werden

6. Türschweller
Die Türschweller (Abb. 68) sind von innen nach Abziehen der Gummiverkleidung zugänglich. Zu beachten ist, daß sie durch ein Versteifungsblech in Längsrichtung getrennt sind, also praktisch einen Doppelhohlraum bilden. Beide Hohlräume müssen konserviert werden, wobei der Sprühschlauch nur schräg zur Fahrtrichtung eingeführt werden kann, da die Aussparungen in den Versteifungsblechen versetzt angeordnet sind.

7. Türmittelholm
Die Türholme können durch die oberen Bohrungen der Sicherheitsgurtbefestigungen ausgesprüht werden. Die Düse des Sprühgerätes kann in diesem

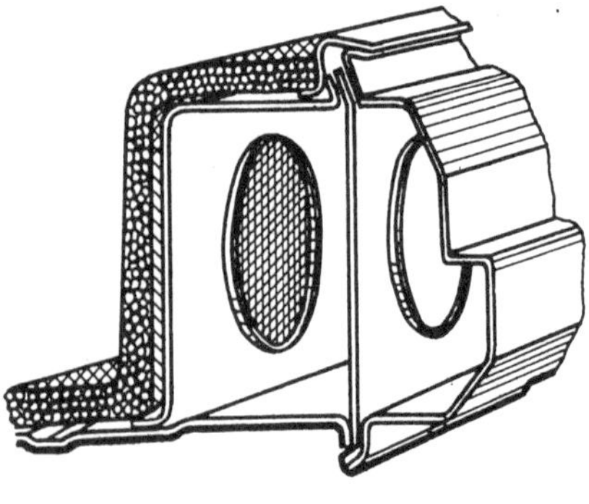

Abb. 68
Die Türschweller besitzen zwei Hohlräume, beide Hohlräume müssen konserviert werden

Falle jedoch nur an das Gewindeloch angesetzt und nicht in den Türholm eingeführt werden. Es empfiehlt sich deshalb, den Fahrgastraum auszuräumen, um die Polster nicht zu verschmutzen. Die vorderen Sitze lassen sich nach hinten aus den Schienen herausziehen, nachdem die Sicherungsbolzen am hinteren Ende der Sitzführungsschienen herausgezogen wurden.
Bei dieser Gelegenheit kann die Dichtheit des Fahrgastraumes mit kontrolliert werden. Sind Wasserspuren vorhanden, so reicht es nach unserer Erfahrung aus, die Verbindungskanten vom Radkasten zur Karosserie mit Abdichtmasse nachzustreichen. Ist zu erkennen, daß das Wasser auch von vorn oben eingetreten ist, so müssen gleichfalls die Scheibenwischerdurchführungen abgedichtet werden.

8. Vordersitze
Unter den beiden Vordersitzen befinden sich Hohlräume, die durch Aufbohren der vorhandenen Löcher für den Sprühschlauch zugänglich gemacht werden können.

9. Hintere Türholme
Zwischen den hinteren Türen und dem Kühlluftkanal und in dessen Verlängerung nach unten zu den Radkästen befindet sich ein zweiteiliger, besonders gefährdeter Hohlraum. Der äußere Hohlraum zwischen dem eigentlichen Türholm und dem hinteren Kotflügel ist nach Ausbau des Ziergitters vom Kühlluftkanal aus zugänglich, und zwar durch den Spalt zwischen der oberen Kotflügelkante und dem Seitenblech des Kühlluftkanals. Der hintere Hohlraum bzw. der Türholm kann durch die an der Vorderseite des Hohlraumes ganz unten vorhandene etwa 20 mm große Öffnung konserviert werden. Die Öffnung ist durch die Kunstlederverkleidung des Türholmes verdeckt.

10. Kühlluftkanal
Der gesamte Kühlluftkanal wird durch Aussprühen konserviert. Der Ausbau des Ziergitters, zumindest auf einer Seite, ist dazu erforderlich. Man sollte darauf achten, daß der Kühler nicht mit besprüht wird. Dadurch würde eine Schmutzschicht entstehen, die die Kühlwirkung reduziert.

11. Motorhaube
Zum Konservieren der Motorhaube zwischen der Außenhaut und den Verstrebungen kann man die vorhandenen Löcher nutzen, eventuell müssen sie aufgebohrt werden.

12. Hintere Längsträger
Im hinteren Bodenteil werden die beiden Hohlräume der Längsträger durch die vorhandenen Löcher von beiden Seiten konserviert. Die Innenflächen des Trägers der Motorraumwand werden im Mittel- und Hinterteil des Längsträgers mit dem Konservierungsmittel ausgesprüht. Diese Arbeiten werden zweckmäßigerweise von unten ausgeführt.
Der Vollständigkeit halber sei noch erwähnt, daß alle beweglichen Teile der Karosserie, wie Türen und Haubenscharniere, Türschlösser, Bowdenzüge

u. a. m. bei den Wartungsarbeiten durch einige Tropfen Öl (am besten Schloßöl-Spray oder Antirost-Spray) geschmiert werden.
Der Arbeitsumfang der Hohlraumkonservierung erscheint sicher sehr aufwendig und eventuell übertrieben. Man benötigt auch für alle Arbeitsgänge gut einen Tag, was sich aber auszahlen wird, denn die Karosserie ist das teuerste Ersatzteil des ganzen Fahrzeugs. Deshalb ist gerade hier vorbeugen besser als reparieren.

Türen

Klappererscheinungen lassen sich in den meisten Fällen durch Nachsetzen der Schließkeile beseitigen. Dazu löst man mit einem Kreuzschraubenzieher die drei Schrauben des Schließkeils etwa um eine Umdrehung und versetzt den Schließkeil geringfügig nach innen bzw. oben (Abb. 69 und 70). Läßt er sich nicht mehr nachsetzen, so muß er gegen einen neuen ausgetauscht werden.
Das Klappern der Türen kann unter Umständen auch von den Türfangstreben (Abb. 71) herrühren. Wir haben sie durch Aufschieben eines Kunststoffschlauches isoliert. Dazu muß die Türverkleidung abgenommen werden.
Eine weitere Ursache für das Klappern der vorderen Türen kann in der

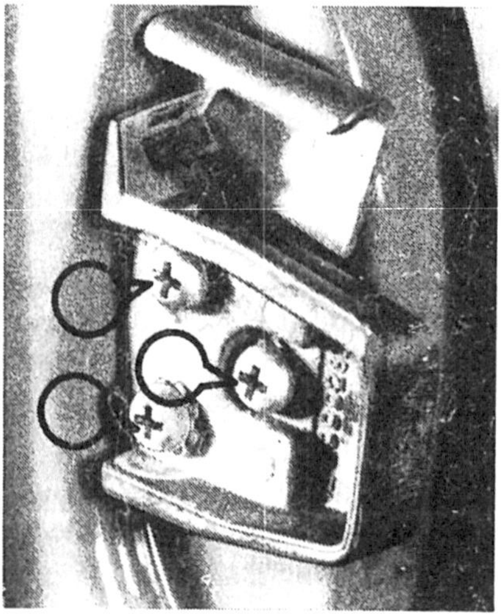

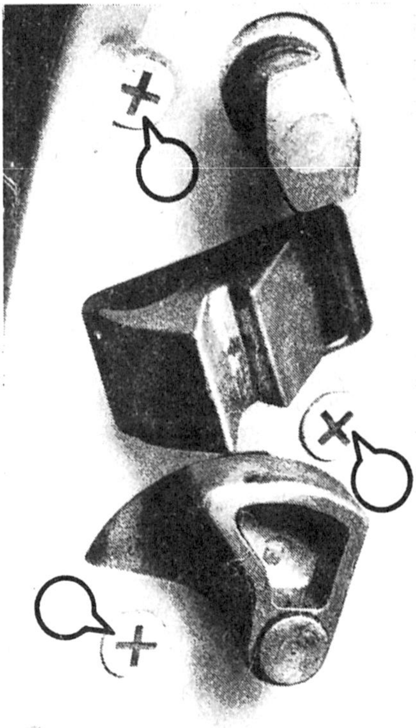

Abb. 69
Der Schließkeil am Türholm des S 100 kann nach Lösen der drei Schrauben verschoben werden

Abb. 70
Die Schrauben am Türschloß des S 100 müssen fest sitzen, sonst klappert die Tür

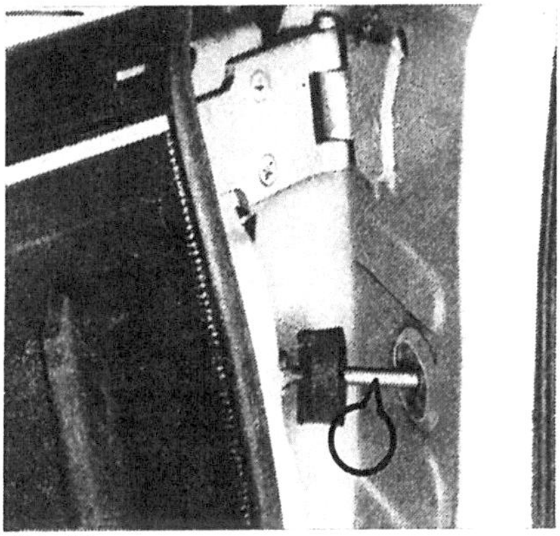

Abb. 71
Die Türfangstrebe begrenzt den Öffnungswinkel der Tür, man kann sie mit einem Kunststoffschlauch isolieren

Abb. 72
Zum Versetzen des Schließkeils sind beide Kreuzschlitzschrauben zu lockern

Abnutzung der Scheibenführungsprofile im Türrahmen liegen. Die Gummi-Filz-Schienen sind eingeklebt und können nach vorherigem Abbau der Türverkleidung und bei herausgenommener Türscheibe erneuert werden.

Neue Türschlösser

Ab Modell 73 setzten beim S 100 neue Türschlösser (Fabrikat Bomoro) ein. Sollte eine Tür klappern, so kann der Schließkeil nach Lösen der beiden Kreuzschlitzschrauben versetzt werden (Abb. 72). Weitere Geräuschursachen enthält der Abschnitt „Türen".
Läßt sich eine Tür von innen schwer öffnen, hilft meist das Versetzen der Fernbetätigung. Nach Abnahme der Türverkleidung und Lösen der beiden Befestigungsschrauben läßt sich die Fernbetätigung drehen (das Türblech hat Langlöcher). Damit kann sie so eingestellt werden, daß in der Übertragung vom Türinnendrücker zum Türschloß kein Leergang mehr vorhanden ist.
Besonders bei direkter Sonneneinstrahlung lassen sich die Türen manchmal von außen schwer öffnen. Die Ursache liegt bei den Plast- und Gummiteilen am Schließkeil. (s. Abb. 72), die bei starker Erwärmung das Schloß verklemmen. Oft genügt schon ein Versetzen des Schließkeils in vertikaler Richtung, um den Anpreßdruck des Gummipuffers zu vermindern.
Bei falscher Einstellung des Türaußengriffes (Abb. 73) lassen sich die Türen ebenfalls schwer öffnen. Normalerweise kann der Türaußengriff um etwa 5 mm angehoben werden, bevor er im Türinneren den Öffnungshebel am Türschloß

Abb. 73
Der Leergang des Türaußengriffes soll 5 bis 6 mm nicht übersteigen

Abb. 74
Türschloß ausgebaut. Der Pfeil zeigt den Öffnungshebel

erreicht. Ist dieser Leergang wesentlich größer, so löst der Öffnungshebel die Schloßfalle nicht vollständig aus, und die Tür klemmt oder bleibt geschlossen. Bei mehr als 6 mm Leergang sollte der Öffnungshebel am Türschloß (Abb. 74) nachgerichtet, also in Richtung des Türaußengriffes gebogen werden. Dazu ist aber das Türschloß auszubauen (Lösen der drei Kreuzschlitzschrauben und der Fernbetätigung).

Garagenprobleme

Kondenswasser bildet sich bei Temperaturwechsel bevorzugt in schlecht belüfteten Räumen. Leider haben die meisten Garagen eine völlig unzureichende Belüftung und noch dazu Böden aus Beton, die Feuchtigkeit wie eine Badewanne festhalten. Einige Löcher in den Türen reichen nicht aus, um eine intensive Lüftung und rasche Trocknung des Fahrzeuges zu ermöglichen. Dazu sind ausreichende Öffnungen von mindestens 200 cm^2 auf gegenüberliegenden Seiten erforderlich.
Das für das Fahrzeug günstigste Klima herrscht nach unserer Erfahrung in Räumen, die vorn und hinten fast offen sind. In geschlossenen, unbeheizten Garagen empfiehlt es sich daher, ein Hygrometer anzubringen, um die relative Luftfeuchtigkeit zu kontrollieren. Sobald das Gerät mehr als 80 % anzeigt, sollten die Garagentüren offen bleiben.

Elektrische Anlage

Die Elektrik eines Kraftfahrzeuges ist nicht einfach zu beherrschen. Gut beraten ist jedoch, wer sich darin wenigstens einigermaßen auskennt, denn kleinste Störungen hieran machen unter Umständen das ganze Fahrzeug betriebsunfähig. Kann man sich aber selber helfen – beispielsweise unterwegs auf der Urlaubsfahrt – so „rettet" das nicht nur die Fahrt, sonder – und das ist das wichtigste – man lernt aus jeder behobenen Störung ungemein viel. Sehen wir uns also auch die Elektrik der beiden Skoda-Typen etwas näher an.

Batterie

Die Batterie des Skoda liegt unter dem hinteren Gepäckraum zwar gut geschützt, ihre Pflege wird dadurch aber leicht vergessen. Darunter leidet dann die Lebensdauer. Sinkt z. B. der Flüssigkeitsspiegel in den Zellen zu weit ab und kommt Luft an die Bleiplatten, so werden diese sehr bald zerstört. Man sollte die Batterie deshalb lieber einmal öfter kontrollieren und – wenn nötig – destilliertes Wasser nachfüllen.
Oberhalb der Bleiplatten ist in den kleinen Zellen der Skoda-Batterie nur wenig Raum. Vom Hersteller wird deshalb empfohlen, Flüssigkeit nur bis 5 mm über den Platten aufzufüllen. Wird diese Füllhöhe überschritten, so bleibt in den Zellen nicht mehr genügend freier Raum, in dem sich die bei der Batterieladung während der Fahrt bildenden Gase sammeln können. Die Folge davon ist, daß die Gase nicht durch die Entlüftungsbohrungen in den Zellenverschlußschrauben ausströmen, sondern die sehr aggressive verdünnte Schwefelsäure herausdrücken. Diese Säure zerfrißt nicht nur den Lack, sondern auch die Metallteile des Batteriekastens.

Füllhöhe

Zum Messen der Füllhöhe kann man als Notbehelf Pappstreifen in die Batteriezellen eintauchen. Das Hineinsehen in die Zellen genügt nicht, dabei verschätzt man sich bestimmt.

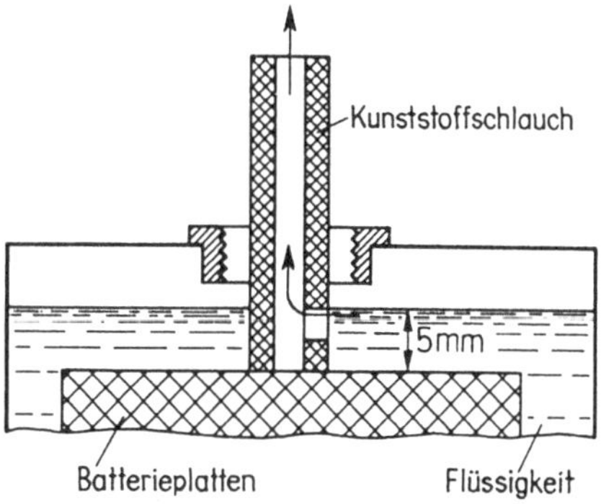

Abb. 75
Vorrichtung zur Einhaltung des vorgeschriebenen Flüssigkeitsspiegels in den Batteriezellen

Wurde versehentlich zu viel destilliertes Wasser eingefüllt, so muß die überschüssige Menge wieder herausgesaugt werden. Dazu eignet sich am besten ein handelsüblicher Säureheber (Aräometer), mit dem die Säuredichte und der Ladezustand kontrolliert werden können.
Eine genaue Kontrolle des Niveaus ermöglicht die in Abbildung 75 schematisch dargestellte Vorrichtung. Sie besteht aus dem Säureheber und einem kurzen Kunststoffschlauch (handelsüblicher Benzinschlauch), der auf das Saugröhrchen des Säurehebers gesteckt wird. Dieser Heber nimmt nur die Flüssigkeit weg, die sich oberhalb der seitlichen Öffnung im Schlauch befindet, und garantiert somit eine richtige Füllhöhe in den Zellen.
Die Öffnung wird mit einem scharfen Messer in den Schlauch geschnitten. Größe und Form sind unbedeutend, ihre Oberkante muß aber in genau 5 mm Abstand vom unteren Schlauchende liegen.
Die herausgesaugte Flüssigkeit enthält Säurebestandteile. Sie sollte darum in einen besonderen Behälter gefüllt werden, der später ausgegossen wird.

Klemmen

Zur Pflege der Batterie gehört das Einfetten der Pole und Kabelklemmen, sonst bilden sich hier Oxide, die den Stromdurchgang erschweren. Auch das Massekabel und seine Verschraubung an der Karosserie können etwas Fett gebrauchen. Es muß nicht unbedingt spezielles Polfett sein. Technische (säurefreie) Vaseline eignet sich ebenfalls, denn das Fett hat nur die Aufgabe, die Teile vor Luftsauerstoff zu schützen.

Nachladen

Insbesondere im Winter beanspruchen die häufigen Kaltstarts die Batterie sehr stark, und auf Kurzstrecken wird die beim Starten entnommene Energie nicht in genügender Menge zugeführt. Deshalb ist von Zeit zu Zeit das Nachladen erforderlich. Für die kleine Skoda-Batterie genügt ein kleines Gerät vom Typ „Ladefix". Es liefert einen Anfangsladestrom von etwa 2,5 A, der bei voll geladener Batterie automatisch auf weniger als 1 A zurückgeht. Der höchstzulässige Ladestrom für die 35-Ah-Batterie beträgt 3,5 A.
Wird die Batterie über Nacht geladen, so sollte sie ausgebaut und in eine Fotoschale aus Kunststoff gestellt werden. Es kann doch einmal vorkommen, daß bei längerem Laden Batteriesäure „überkocht", sie kann dann keinen Schaden anrichten.
Eine voll geladene Batterie friert bei −65 °C ein, eine entladene schon bei −11 °C. Steht der Wagen bei Frost über Nacht im Freien und sind auf Grund der tiefen Temperaturen Startschwierigkeiten zu befüchten, so ist das Warmhalten der Batterie (Ausbauen und über Nacht im geheizten Raum aufstellen) die beste Anlaßhilfe. Eine warme Batterie überwindet die erhöhten Anlaßwiderstände (kaltes, steifes Motorenöl) spielend leicht, während die Spannung einer durch die Kälte in ihrer Leistungsfähigkeit geschwächten Batterie bei der hohen Stromentnahme beim Anlassen so weit absinken kann, daß kein Zündfunke mehr zustande kommt.

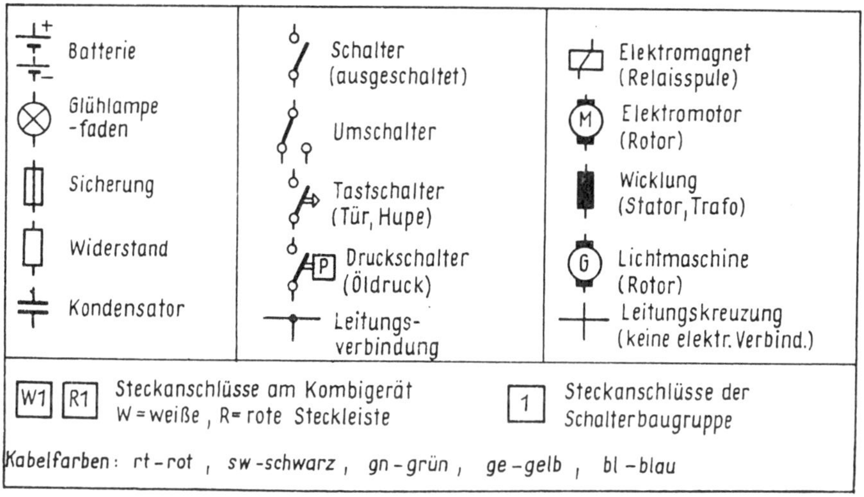

Abb. 76 Schaltzeichen, die in den folgenden Schaltplänen verwendet werden

Schaltung und Schaltzeichen

Mit dem Leitungsplan in der Betriebsanleitung ist bei der Fehlersuche an der Elektrik nicht viel anzufangen, da er nur die Leitungsführung zwischen den einzelnen Aggregaten enthält, nicht aber den Stromlauf erkennen läßt. Deshalb wurde die gesamte elektrische Anlage in Teilschaltpläne zerlegt. Eventuelle Fehler an den einzelnen Aggregaten sind darin leichter zu finden als in einem Gesamtschaltplan, der durch die vielen Leitungen und Details eher verwirrt als Klarheit schafft.

Die in sämtlichen Teilschaltplänen verwendeten Schaltzeichen sind in Abbildung 76 zusammengestellt. Die Anschlußbezeichnungen (Buchstaben bzw. Nummern) befinden sich auch an den einzelnen Aggregaten, eingeprägt neben der Klemmschraube bzw. Steckfahne. Einige dieser Bezeichnungen sind international üblich, so die Nummern 30 (Plusanschlüsse, die ständig unter Spannung stehen), 15 (Zündung), 50 (Anlasser), 56 (Scheinwerfer), 56a (Fernlicht), 56b (Abblendlicht), 58 (Standlicht, Rücklicht). Die Kabelfarben sind bei den Skoda-Typen nicht konsequent genormt. Bei Schaltern mit zahlreichen Anschlüssen sind aber die Anschlußbezeichnungen auch auf die Isoliermäntel der Leitungen gedruckt.

Kabelanschlüsse

Für die Kabelanschlüsse im Skoda wurden weitgehend Flachsteckverbindungen verwendet. Sie halten länger und sind zuverlässiger als Schraubklemmen, die sich mit der Zeit durch die Schwingungen im Fahrzeug und durch das Nachgeben des unter dem Druck der Schrauben stehenden kupfernen Leiters lockern. Mit solchen Schraubklemmen sind die Anschlüsse im Sicherungskasten

und beim 1000 MB am Zündschloß ausgerüstet. Hier müssen deshalb die Schrauben regelmäßig kontrolliert und nachgezogen werden, um Kontaktunsicherheiten, Störungen usw. zu vermeiden.
Kabelbrüche, die bei den Schraubklemmen meist unmittelbar neben der Klemmschraube auftreten, sind bei den Steckverbindungen nicht zu befüchten, denn der Stecker umschließt mit seinen Quetschfahnen nicht nur den kupfernen Leiter, sondern auch den isolierten Teil des Kabels. Damit ist die Kontaktstelle vor Schwingungen weitgehend geschützt. Die Abmessungen der Stecker und der Anschlußfahnen an den einzelnen Aggregaten sind die gleichen wie bei den in der DDR hergestellten Teilen der Fahrzeugelektrik und passen untereinander.

Stromkreis

Die Arbeiten an den elektrischen Anlagen und vor allem die Fehlersuche setzen einige Grundkenntnisse über den elektrischen Stromkreis voraus, dessen grundsätzlichen Aufbau die Abbildung 77 zeigt. Strom kann in diesem Kreis nur fließen, wenn eine lückenlose Verbindung vom Pluspol der Batterie über die Sicherung, den Schalter zum Verbraucher und vom Verbraucher über die Masse zurück zum Minuspol der Batterie vorhanden ist.

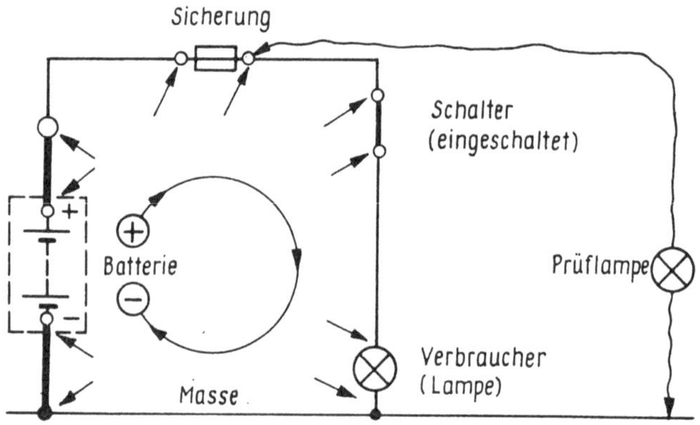

Abb. 77
Fehlerquellen im Stromkreis

Manchmal liegen mehrere Schalter in einem Stromkreis. Sind sie parallel angeordnet (z. B. Tür- und Handschalter für die Innenlampe – s. Abb. 83), so leuchtet die Lampe bereits, wenn nur einer der Schalter geschlossen (eingeschaltet) wird. Sind sie hintereinander (in Reihe) angeordnet (z. B. Zündschloß und Blinkschalter bei der Parkschaltung des S 100 – s. Abb. 95), so fließt erst dann ein Strom, wenn sämtliche Schalter dieses Kreises geschlossen sind. Irgendeine Unterbrechung in dieser Kette (z. B. Kontaktunsicherheiten an den Anschlüssen, schlechte Masseverbindung usw.) verhindert den Stromfluß. Die Pfeile in Abbildung 77 zeigen alle die Stellen, bei denen es auf einwandfreie Kontaktgabe ankommt. Hier ist zu prüfen, wenn eine Lampe nicht leuchtet, der Motor nicht arbeitet usw.

Ist die Sicherung durchgebrannt und brennt auch eine eingesetzte neue Sicherung sofort wieder durch, so liegt ein Kurzschluß vor, der erst gesucht und beseitigt werden muß. Kurzschlüsse gibt es, wenn der Isoliermantel einer Leitung bei Berührung mit einem scharfkantigen Metallteil durchgescheuert wurde und die Kupferadern des Kabels Masseberührung bekommen. Das Umwickeln der Scheuerstelle mit Isolierband (oder zur Not mit Leukoplast aus dem Verbandskasten) hilft weiter. Es gibt auch Kurzschluß, wenn eine Anschlußfahne am Schalter oder Verbraucher verbogen ist, so daß der Stecker am nächstgelegenen Metallteil Masseberührung hat. Ist der Kurzschluß nicht zu finden, weil die Scheuerstelle vielleicht an einer nicht zugänglichen Stelle innerhalb der Karosserie liegt, so kann man die alte Leitung totlegen (abklemmen am Anfang und Ende) und parallel dazu ein Stück neue Leitung verlegen und anschließen. Fehler, die solche Maßnahmen erfordern, sind aber sehr selten.

Fehlersuche mit Prüflampe

Für die Fehlersuche ist eine Prüflampe erforderlich. Damit kann man die einzelnen Anschlüsse abtasten, um festzustellen, ob Strom vorhanden ist. Geht man damit von der Sicherung bis zu dem defekten Verbraucher Schritt für Schritt vor, so findet man schnell den Fehler.
Als Prüflampe eignet sich jede kleine 12-V-Glühlampe mit Fassung, die mit zwei etwa 40 cm langen Kabelenden, Bananensteckern und Krokodilklemmen (aus dem Rundfunkfachgeschäft) versehen wird. Eine Leitung der Prüflampe wird jeweils an Masse angeklemmt, die andere kommt an den zu prüfenden Kontakt. Als Masseanschluß muß man sich aber ein unlackiertes Metallteil (Schraube oder ähnliches) aussuchen, denn Lack leitet keinen Strom (s. Abb. 77).
Bei Störungen der elektrischen Anlage sind auch häufig unzureichende Masseverbindungen die Ursache. Fällt zum Beispiel eine Lampe aus und die Glühlampe erweist sich als einwandfrei, so sollte zuerst untersucht werden, ob vielleicht Rost an der Befestigung der Leuchte oder Oxide an der Fassung den Stromfluß zur Masse behindern. Das Blankkratzen der Kontaktflächen schafft Abhilfe. Weitere Hinweise finden Sie in den folgenden Abschnitten.

Anlasser

Beim Einschalten des Anlassers werden im Zündschloß die Klemmen 30 und 50 verbunden, und zum Magnetschalter, Klemme 50, fließt Strom (Abb. 78). Die Spule dieses Elektromagneten zieht ihren Eisenkern an, der das Anlasserritzel in Richtung Schwungrad verschiebt. Erst wenn der Elektromagnet das Anlasserritzel (Abb. 79) in den Zahnkranz am Schwungrad der Kurbelwelle eingespurt hat, schließt er die Kontakte 30 und schaltet damit den Anlassermotor ein.

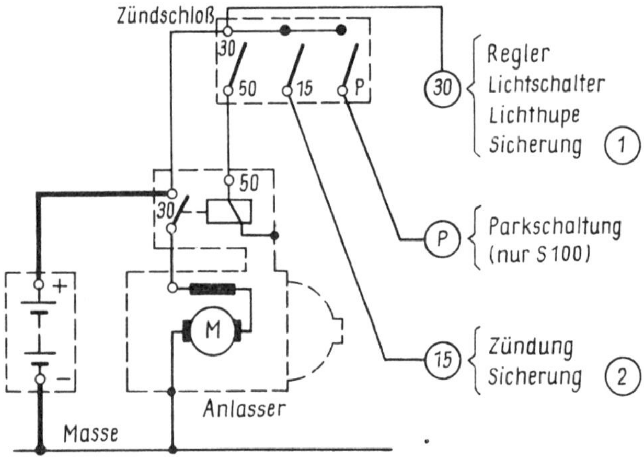

Abb. 78
Schaltung des Anlassers

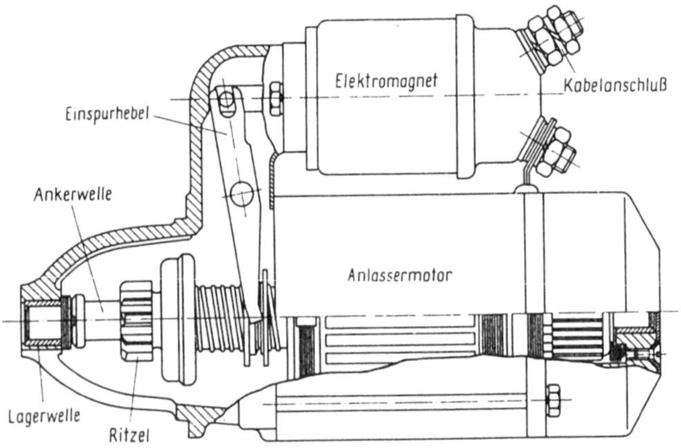

Abb. 79
Anlasser, teilweise geschnitten

Anlasser arbeitet nicht

Wenn sich beim Drehen des Zündschlüssels im Anlasser nichts rührt, so kann der Fehler nur im Stromkreis des Magnetschalters liegen. Zu prüfen sind die Anschlüsse 30 und 50 am Zündschloß und 50 am Anlasser (Abb. 80). Sind die Anschlüsse einwandfrei und die übrigen Aggregate (Licht) funktionieren, so kann der Fehler im Zündschloß (Klemmen 30 und 50 zum Starten kurz überbrücken) oder im Magnetschalter liegen, der dann erneuert werden muß (anschieben, zur Werkstatt fahren).

Ist in Anlaßstellung nur ein Klicken im Anlasser zu hören, so spurt das Ritzel nicht völlig ein (Gang einlegen und Wagen einen halben Meter schieben, damit das Schwungrad eine andere Stellung bekommt). Funktioniert der Anlasser auch danach nicht, so klemmt das Ritzel auf der Rotorwelle (eventuell durch steifes, verharztes Fett). Der Anlasser muß dann ausgebaut, zerlegt und gereinigt bzw. instandgesetzt werden.

Übergangswiderstände

Die häufigsten Fehler, die sich vorwiegend bei Kälte und Feuchtigkeit bemerkbar machen, treten an den Anschlüssen der Aluminiumwicklung des Magnetschalters auf. Die Aluminiumleiter oxydieren an den Verbindungen, an denen sie mit anderen Metallen in Berührung kommen, und es bilden sich erhöhte Übergangswiderstände. Der Magnetschalter klickt dann nur beim Drehen des Zündschlüssels, spurt aber das Ritzel nicht ein und schaltet auch den Anlassermotor nicht ein.

Die kritische Stelle im Magnetschalter ist das mit einem Stück Kupferdraht verlängerte Ende der Aluminiumwicklung. Der Kupferdraht ist außen am Anschlußstecker 50 angelötet, innen um den Aliminiumleiter herumgewickelt. Dieses Stück Wicklung ist zwar verlötet, eine exakte dauerhafte Verbindung kann aber nicht zustande kommen, weil sich Aluminium nicht löten läßt. Durch Zusammenquetschen dieser Verbindungsstelle arbeitet der Elektromagnet

Abb. 80
Anlasser, Schutzkappe abgenommen;
1 – Elektromagnet,
2 – Steckkontakt für das vom Zündschloß (Klemme 50) kommende Kabel, 3 – Anschlußschraube des Batteriekabels,
4 – Kohlebürste

wieder, wie lange ist fraglich. Eine dauerhafte Beseitigung dieser Fehlerquelle ist durch den Austausch der Aluminiumwicklung gegen eine Kupferwicklung möglich (gleiche Windungszahl, halber Drahtquerschnitt). Auch 12-V-Magnetschalter von Pkw-Anlassern aus der DDR-Produktion (sie haben Kupferwicklungen) lassen sich am Skoda-Anlasser anbringen, wenn zwischen die Flanschverbindung entsprechend dicke Beilagen gelegt werden.
Dreht der Anlasser den Motor nur langsam und zögernd durch, obwohl die Batterie voll geladen ist, so können verschmutzte und oxydierte Batterieklemmen und Kabelanschlüsse, lockere Verschraubungen (Anlasserkabel, Massebänder im Batteriekasten und an der rechten Motoraufhängung) schuld daran sein. Erhöhte Übergangswiderstände treten aber vorwiegend im Anlasser an den Anschlüssen der Feldwicklung (Stator) auf, die aus Aluminium-Flachband besteht. An den Enden des Aluminiumbandes sind die Blechfahnen der Anschlüsse angequetscht, und hier wird die Kontaktgabe durch Oxydation des Aluminiums mit der Zeit beeinträchtigt. Mit einer Bohrung durch diese Quetschverbindung, in die eine Schraube mit Mutter eingesetzt wird, kann man für bessere Kontaktgabe sorgen.

Lichtmaschine und Regler

Während der Fahrt versorgt die Lichtmaschine die Stromverbraucher und ladet außerdem die Batterie. Ein Spannungsregler sorgt dafür, daß die mit steigender Drehzahl ansteigende Lichtmaschinenspannung auf einer Höhe von mindestens 13,6 V bis höchstens 14,4 V gehalten wird. Auf Grund der Differenz zwischen der Batteriespannung von 12 bis 12,6 V und der geregelten Lichtmaschinenspannung von 14 V (als Mittelwert) fließt ein Strom in Richtung des Spannungsgefälles, also von der Lichtmaschine in die Batterie. Außer dem Spannungsregler ist ein Stromregler eingebaut, der den Lichtmaschinenstrom auf maximal 22 A begrenzt.

Regelprinzip

Die Schaltung der Lichtmaschine und die Anschlüsse am Regler zeigt Abbildung 81. Auf die Darstellung der Schaltung innerhalb des Reglers wurde verzichtet, weil hier ohne Meßgeräte und spezielle Fachkenntnisse ohnehin nichts zu machen ist. Zum Verständnis der Funktion wurde nur angedeutet, daß die beiden Regler R (für Spannung und Strom) durch Einschalten, Schwächen und Ausschalten der bei M angeschlossenen Feldwicklung die Erregung des Generators ständig ändern, um die über die Leitung D von der Lichtmaschine gelieferte Spannung in den gewünschten Grenzen zu halten und die Lichtmaschine vor zu hoher Stromentnahme zu schützen.

Rückstromschalter

Zwischen den Anschlüssen D und B (s. Abb. 81) liegt der Rückstromschalter. Er schaltet die Lichtmaschine erst dann an das Netz, wenn sie Strom liefert. Im

Abb. 81
Schaltung von Lichtmaschine und Regler

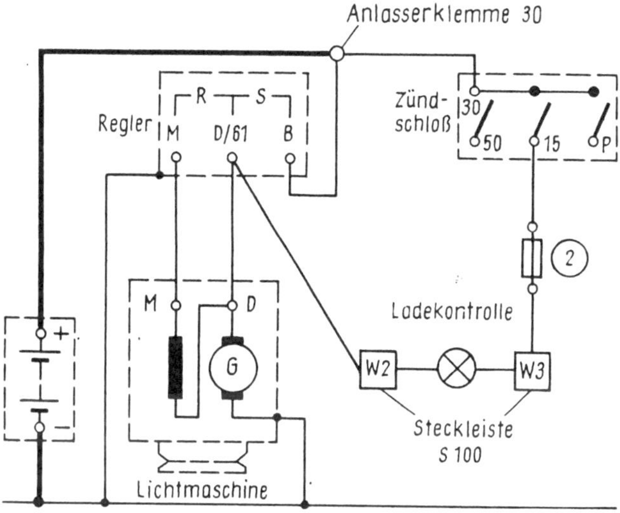

Leerlauf und bei Stillstand des Motors trennt er die Verbindung, damit sich die Batterie nicht über die Lichtmaschine entladet. Die Ladekontrollampe liegt (bei eingeschalteter Zündung) parallel zu den Kontakten des Rückstromschalters und erhält Masse über die Lichtmaschine. Sie zeigt durch ihr Verlöschen an, daß die Lichtmaschine Spannung erzeugt und Strom in das Bordnetz liefert. Ob diese Spannung auch hoch genug ist, um für die Batterie einen ausreichenden Ladestrom zu sichern, darüber gibt sie keine Auskunft. Verlischt sie überhaupt nicht, so kann der Fehler an den Kabelanschlüssen der Lichtmaschine oder des Reglers liegen. Sie müssen fest sitzen. Das gilt auch für die Befestigung der Lichtmaschine am Motor und des Reglers an der Karosserie. Hier ist ein einwandfreier Massekontakt notwendig.

Klemmende Bürsten

Häufig sind in ihren Führungen klemmende Kohlebürsten die Ursache für den Ausfall der Lichtmaschine. Nach Ausbau der Lichtmaschine und Abnahme des ringförmigen Verschlußbandes (Abb. 82) kommt man an die vier Bürsten (Schleifkohlen) gut heran und kann sie säubern und gangbar machen. Sind die Bürsten bis auf etwa 12 mm Länge abgenutzt, so müssen sie erneuert werden. Verlischt die rote Ladekontrollampe zunächst, leuchtet dann aber bei steigender Motordrehzahl wieder auf und wird mit zunehmender Drehzahl immer heller, so sollte sofort das dicke Kabel (Klemme D) an der Lichtmaschine abgeklemmt und isoliert werden. Fährt man mit diesem Defekt weiter, so können unter Umständen Regler und Lichtmaschine zerstört werden.
Reparaturen an Lichtmaschine und Regler und das Einstellen des Reglers sollten einer Autorelektrik-Werkstatt überlassen werden.

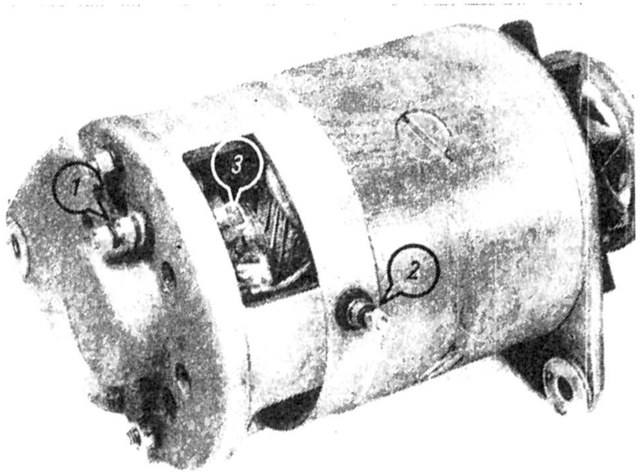

Abb. 82
Lichtmaschine, Verschlußband abgenommen; 1 – Klemme D (Anschluß des dicken Hauptstromkabels), 2 – Klemme M (Anschluß der Felderregung, dünnes Kabel), 3 – Kohlebürste. Beim Aufsetzen des ringförmigen Verschlußbandes ist zu beachten, daß dessen Lüftungsschlitze den rechteckigen Ausschnitten im Lichtmaschinengehäuse gegenüberliegen

Spannungskontrolle

Eine Kontrolle der Lichtmaschinenspannung und damit der Batterieladung kann man selbst vornehmen. Dazu ist ein gutes Voltmeter erforderlich, dessen Skala auch das Ablesen der Zehntel erlaubt.
Das Instrument wird mit seinem negativen Anschluß an Masse und mit dem Pluskontakt an irgendeine stromführende Klemme der elektrischen Anlage angeschlossen, zum Beispiel an die Klemme 30 des Zündschlosses. Bei stillstehendem Motor und im Leerlauf zeigt das Voltmeter die Batteriespannung von 12 bis 12,6 V an. Steigert man die Motordrehzahl, so bewegt sich der Zeiger zunächst bis etwa 13,6 V und wandert bei weiterem Gasgeben auf 14 bis 14,4 V. Bleibt das Voltmeter während der Fahrt angeschlossen, so kann man feststellen, bei welcher Mindestgeschwindigkeit im vierten Gang die 13,6 V vorhanden sind. Fährt man mit niedrigeren Drehzahlen, bei denen das Voltmeter weniger anzeigt, so wird die Batterie nicht ausreichend geladen, auch wenn die rote Lampe schon erloschen ist.
Zeigt das Voltmeter die genannten Werte an, so ist die Einstellung in Ordnung. Nach längerer Betriebszeit kann es vorkommen, daß die Kraft der Rückstellfedern der Regler und Schalter nachläßt. Dadurch stellt sich eine geringere Betriebsspannung (unter 13,6 V auch bei höheren Drehzahlen) ein. Die Batterie wird nicht mehr ausreichend geladen, und im Winter häufen sich die Startschwierigkeiten. Eine Kontrolle und Korrektur der Einstellung durch die Fachwerkstatt ist dann erforderlich.

Verbraucher

Die für den Betrieb des Wagens entscheidenden Aggregate – Batterie, Anlasser, Zündung, Lichtmaschine – sind nicht abgesichert, weil hier ein Fehler sofort zu

Funktionsstörungen führt, die nicht unbemerkt bleiben können. Alle übrigen Verbraucher werden durch die insgesamt 8 Sicherungen geschützt, die beim 1000 MB im Motorraum und beim S 100 unter dem Armaturenbrett liegen. Die Sicherung 1, an der alle ständig betriebsbereiten Verbraucher angeschlossen sind, liegt der Trennwand zwischen Innen- und Kofferraum am nächsten, also beim S 100 vorn und beim 1000 MB hinten. Die Sicherung 2 schützt alle diejenigen Verbraucher, die nur bei eingeschalteter Zündung funktionieren. Die Sicherungen 3 bis 8 gehören zur Fahrbahnbeleuchtung. Nach diesem Schema – Sicherung 1, Sicherung 2, Fahrbahnbeleuchtung – wurden die folgenden Teilschaltpläne untergliedert, in denen sich oben stets die Plusanschlüsse und unten die Masseanschlüsse befinden. Alle Schalter sind in ausgeschalteter Stellung gezeichnet.

Sicherung 1/S 100

Beim S 100 liegen an der Sicherung 1 vier voneinander unabhängige Stromkreise: Innenbeleuchtung, Steckdose, Bremsleuchten und Horn (von links nach rechts). Funktioniert einer dieser Kreise nicht, so braucht man entsprechend dem Stromlaufplan (Abb. 83) nur in diesem Kreis zu suchen (mit der Prüflampe – s. Abschnitt „Fehlersuche mit Prüflampe").

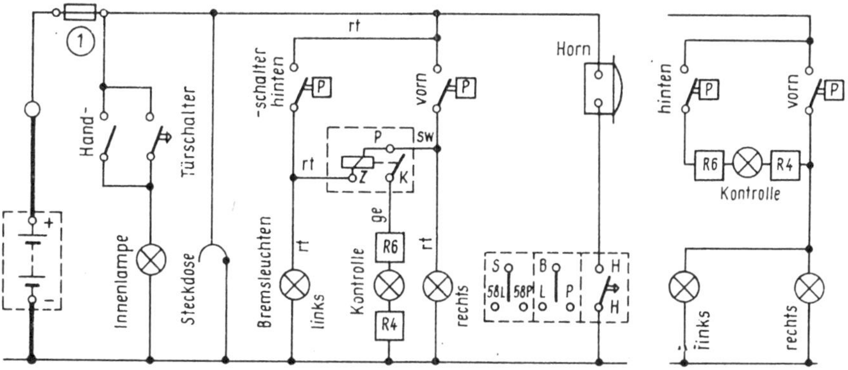

Abb. 83 S 100; Schaltung von Innenlampe, Steckdose, Bremslicht und Signalhorn

Bremskontrolle

Der S 100 hat im Kombinationsgerät eine Kontrollampe, die Fehler im Zweikreisbremssystem erkennen läßt. Die Kontrollschaltung arbeitet mit zwei Druckschaltern (einer für jeden Bremskreis) und einem Relais, das die Kontrollampe schaltet.

Das Relais (s. Abb. 83) schaltet den Kontrollkontakt K ein, wenn durch die zwischen P und Z liegende Stromspule der Lampenstrom einer Bremsleuchte

fließt. Schalten beide Bremslichtschalter bzw. funktionieren beide Bremskreise, so wird die Relaisspule kurzgeschlossen und bleibt stromlos. Fällt ein Schalter aus, so fließt der Strom für die mit diesem Schalter direkt verbundene Bremsleuchte über den anderen Schalter und über die Relaisspule, und die Kontrolllampe zeigt beim Bremsen Dauerlicht.
Bei dieser Schaltung ist das Dauerlicht in jedem Falle das Signal für den Ausfall eines der beiden Bremskreise, denn das Relais spricht stets an, gleichgültig, ob der vordere oder hintere Bremsschalter ausfällt. Normalerweise leuchtet die Kontrollampe bei jedem Bremsen ganz kurz auf, weil die Schalter zeitlich unterschiedlich (bei unterschiedlichem Drücken) schalten. Der Nachteil dieser Kontrollschaltung ist ihre Abhängigkeit von den Bremsleuchten. Fällt hier eine Glühlampe aus, so bleibt ein Bremskreis unkontrolliert.

Bremsleuchtenkontrolle

Ob beide Bremsleuchten einwandfrei funktionieren, ist aber an der Kontrollampe zu bemerken. Man muß nur darauf achten. Normalerweise leuchtet die Kontrollampe jeweils kurz auf, wenn das Bremspedal durchgetreten und wieder freigegeben wird. Leuchtet dabei nur eine Bremsleuchte auf, so bleibt die Kontrollampe entweder völlig dunkel oder sie leuchtet deutlich heller (länger) als normal, bevor sie wieder verlischt. Am besten probiert man das aus, indem man einmal abwechselnd den Stecker der einen und der anderen Bremsleuchte (rote Leitung) abzieht und die Bremse betätigt. Das Kontrollrelais (drei Anschlüsse) befindet sich in der linken oberen Ecke unter dem Armaturenbrett neben dem Blinkrelais (zwei Anschlüsse) und ist durch den Ausschnitt von unten zu erreichen.

Bremskontrolle ohne Relais

Die ersten S 100 hatten zur Kontrolle der Zweikreis-Bremsanlage nur die beiden Bremslichtschalter und die Kontrollampe im Kombinationsgerät, wie die Schaltung rechts in Abbildung 83 zeigt.
In dieser Schaltung ohne Relais signalisiert die Kontrollampe den Ausfall des vorderen Bremsschalters bzw. Bremskreises durch Dauerlicht beim Bremsen (Strom fließt über hinteren Schalter, Kontrollampe, Bremsleuchten zur Masse). Dabei leuchten die Bremsleuchten nicht. Fällt nur der hintere Schalter bzw. Bremskreis aus, so bleibt die Kontrollampe völlig dunkel, die Bremsleuchten am Heck leuchten aber. Leuchtet die Kontrollampe beim Bremsen kurz auf und verlischt sofort wieder, so arbeiten beide Schalter (zeitlich unterschiedlich), und beide Bremskreise funktionieren.
Das kurze Aufleuchten ist also das Signal für einwandfreie Funktion. Bleibt dieses kurze Aufleuchten aus, obwohl beide Bremskreise arbeiten, so schaltet der hintere Schalter später (bei höherem Druck) als der vordere. In diesem Falle sollten die Kabel an den Schaltern umgesteckt werden (Leitungen vom vorderen Schalter an den hinteren stecken und umgekehrt), um das kurze Aufleuchten zu erreichen. Wird das versäumt, so kann die Kontrollampe nur den Ausfall des

einen Bremskreises (Dauerlicht) anzeigen. Ein Fehler im anderen Bremskreis würde nicht signalisiert, wenn die Lampe schon normalerweise dunkel bleibt.

Signalhorn

Im Stromkreis des Horns (s. Abb. 83) liegt ausnahmsweise der Schalter an Masse und nicht, wie üblich, der Verbraucher (das Horn). Diese Schaltungsart stammt noch aus der Zeit, als die Horndruckknöpfe in Lenkradmitte üblich waren und die Leitung über einen isolierten Schleifring durch die Lenksäule, die als Masseanschluß diente, geführt wurde. Der Lenksäulenschalter, mit dem die Blinkanlage, das Horn und beim S 100 auch noch die Parkschaltung geschaltet werden, besteht aus mehreren Einzelschaltern, die elektrisch miteinander nichts zu tun haben. Für das Horn gelten nur die im Schaltplan bezeichneten Anschlüsse.
Die vorn unter dem linken Stoßstangenhorn angeschraubte Hupe ist dem Regen- und Spritzwasser ungeschützt ausgesetzt. Gefriert das zwischen dem vorderen Abdeckgitter und der Membran angesammelte Wasser, so behindert das Eis das Schwingen der Membran, und die Hupe krächzt nur. Auch Sand und Schmutz an dieser Stelle oder lockere Schrauben am Abdeckgitter können daran schuld sein. Sind die Verschmutzungen beseitigt und ist der Ton der Hupe immer noch heiser oder schwach, so kann er durch Drehen der Nachstellschraube an der Rückseite (Abb. 84) eingestellt werden.

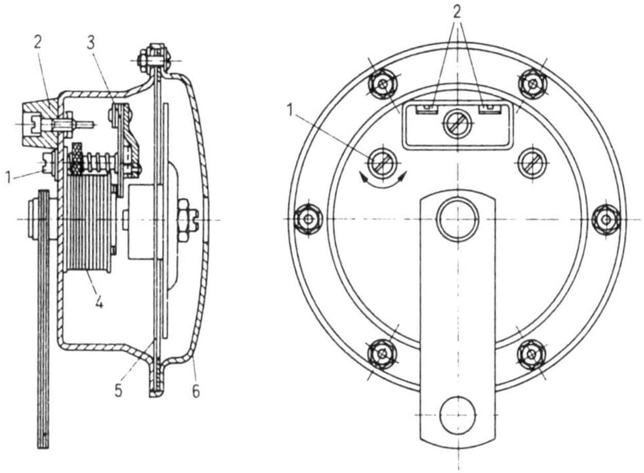

Abb. 84
Hupe; 1 – Nachstellschraube, 2 – Anschlußklemme, 3 – Unterbrecher, 4 – Spule, 5 – Membrane, 6 – Abdeckgitter

Sicherung 1/1000 MB

Beim 1000 MB sind auch die Parkleuchten und die Blinkanlage an der Sicherung 1 angeschlossen (Abb. 85). Die Funktion der Fahrtrichtungs-Blinkanlage wird im Abschnitt „Blinkanlage" in Verbindung mit der Warnblinkanlage des S 100 besprochen, deren Schalter auch beim 1000 MB nachträglich eingebaut werden kann.

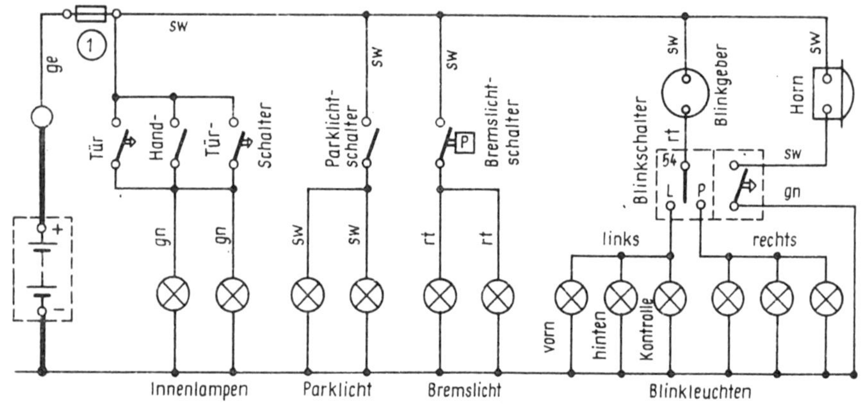

Abb. 85 1000 MB: Schaltung von Innenlampe, Parklicht, Bremslicht, Blinklicht und Signalhorn

Sicherung 2/S 100

Bei eingeschalteter Zündung arbeiten die Instrumente und Signalleuchten im Kombinationsgerät (Abb. 86). Dieser Schaltplan enthält nur die Kontrollampen, die über die Sicherung 2 Strom erhalten. Die Kontrollampen für Fernlicht (W 7), Blinklicht links (W 6) und rechts (R 1) und die Armaturenbeleuchtung (W 4) liegen an Masse, und die Bremskontrollampe hat gesonderte Anschlüsse (R 4 und R 6). Diese Lampen sind in den Schaltplänen zu finden, zu deren Stromkreisen sie gehören (s. Abb. 83, 93 u. 95).

Instrumente

Die elektrischen Anzeiger für Kraftstoff und Temperatur sind Kreuzspulohmmeter, deren Anzeige über Widerstände beeinflußt wird.

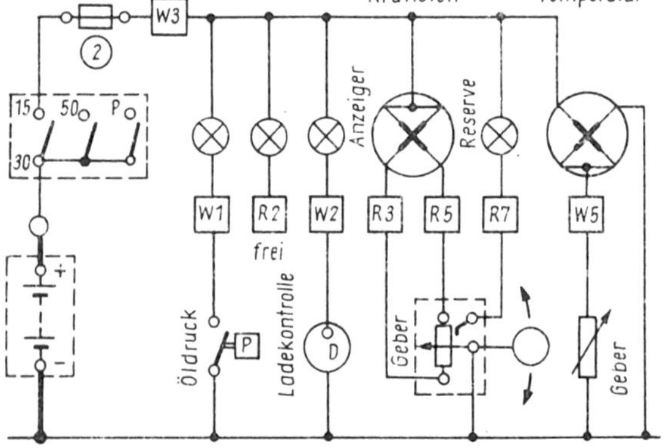

Abb. 86
S 100: Schaltung des Kombinationsgerätes

Abb. 87
1000 MB: Schaltung des Kombinationsgerätes

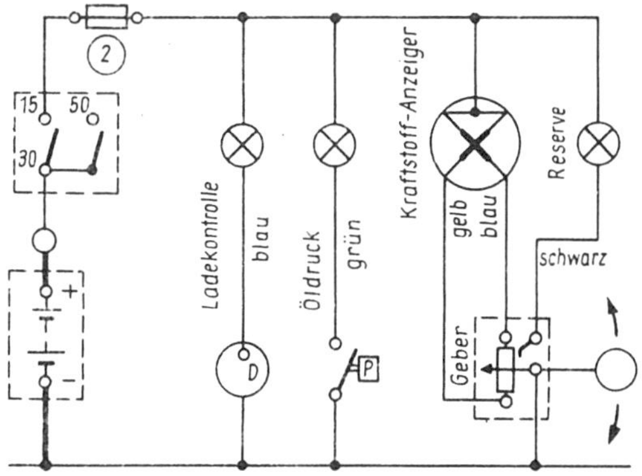

Beim Kraftstoffgeber wird die Bewegung eines im Tank angeordneten Schwimmers auf den Schleifer übertragen, der an einem Widerstand ein bestimmtes Verhältnis einstellt. In der gezeichneten Mittellage des Schwimmers (s. Abb. 86) sind die beiden Teilwiderstände und damit die Ströme in den beiden Zweigen des Anzeigers gleich groß, so daß der Zeiger in der Mitte (Tank halb voll) steht. Bei vollem Tank (Schwimmer oben, Schleifer unten) wäre der zwischen R 5 und Masse liegende Teilwiderstand wesentlich größer als der zwischen R 3 und Masse liegende, und der Zeiger würde nach rechts abgelenkt. Bei fast leerem Tank (Schwimmer unten) schaltet der Schleifer die Reservekontrollampe mit ein.
Die farbgekennzeichneten Anschlüsse am Geber (entsprechend den Leitungsfarben) dürfen nicht vertauscht werden, das Instrument könnte sonst umgekehrt anzeigen (leer bei vollem Tank).
Das elektrische Fernthermometer ist anders angeschlossen. Seine Anzeige ändert sich aber auch abhängig vom Widerstand des Gebers, der bei kaltem Kühlwasser wesentlich größer als bei betriebswarmer Maschine ist.
Reparaturen an diesen Geräten, soweit es sich nicht nur um einwandfreie Kontaktgabe an den Anschlüssen handelt, sind Sache der Fachwerkstatt.
Abbildung 87 zeigt die an Sicherung 2 angeschlossenen Teile des Kombinationsgerätes beim 1000 MB. Die Funktion ist die gleiche wie beim S 100.

S 100: Scheibenwischermotor

Die Stromkreise für das Heizgebläse und die Rückfahrscheinwerfer sind wie üblich geschaltet. Eine Ausnahme bildet der Scheibenwischermotor (Abb. 88). Er hat einen Endschalter E, der ihn beim Ausschalten bis in die Endlage weiterlaufen läßt, damit die Wischer nahe der Unterkante der Windschutzscheibe stehenbleiben. In dieser (gezeichneten) Stellung wird die Rotorwicklung vom Endschalter über die Kontakte des Intervallschalters 2 und 4 kurzgeschlossen und der von einem Dauermagneten erregte Motor sofort gebremst. Wird der (Intervall-) Schalter eingeschaltet, so schwenkt die mit 2 verbundene Schalterzunge von 4 nach 3 (Masse). Sobald der Motor aus der Endlage

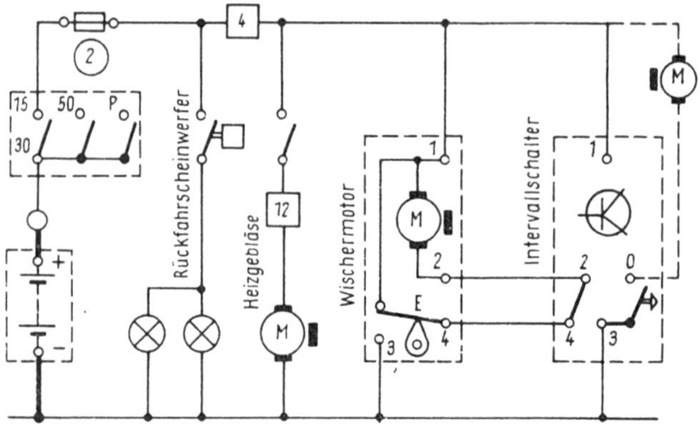

Abb. 88
S 100: Schaltung von Rückfahrscheinwerfer, Heizgebläse und Scheibenwischer

herausgelaufen ist, legt dessen Endschalter die an 4 angeschlossene Zunge ebenfalls an 3 (Masse des Motors), und der Motor läuft zumindest so lange weiter, bis er seine Endlage wieder erreicht hat, auch wenn der (Intervall-) Schalter sofort wieder ausgeschaltet wird.
Kurze Einschaltimpulse, die gerade ausreichen, um den Motor aus der Endlage heraus anlaufen zu lassen, erzeugt das Transistorsteuerteil automatisch, wenn eine der drei Intervallstufen eingeschaltet wird. Reparaturen am Intervallschalter sollte man der Fachwerkstatt überlassen. Man kann das defekte Gerät aber ausbauen und vorübergehend durch einen Umschalter ersetzen, der die gleiche Schaltfunktion ausführt wie beschrieben. Das Kabel vom Anschluß 1 des

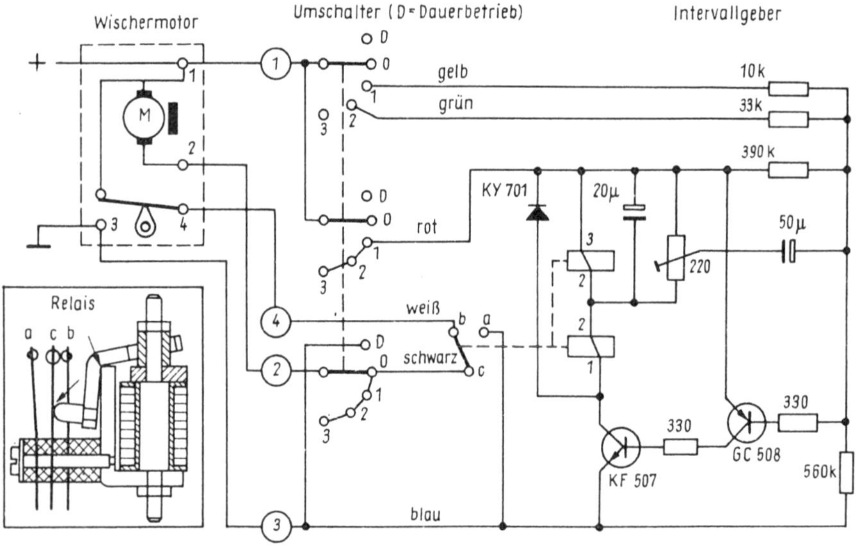

Abb. 89 S 100: Schaltung der Scheibenwischanlage mit Intervallschalter, Umschalter und Steuerteil

Intervallschalters (s. Abb. 88) bliebe dann frei, es führt Spannung und muß isoliert werden.
Am Anschluß 0 des Intervallschalters, der bei Druck auf den Schaltknopf Massekontakt erhält, kann, wie in Abbildung 88 gestrichelt eingezeichnet, eine elektrische Scheibenwaschanlage angeschlossen werden. Die Schaltung des Transistorensteuerteiles einschließlich der Schaltfunktionen des kombinierten Umschalters zeigt Abbildung 89. Störungen im Intervallgeber liegen meist an Kontaktunsicherheiten der Relaiskontakte. Oft klemmt der Kippanker des Relais, dessen Isolierstift den Mittelkontakt betätigt. Eine Spur von Fett an den Berührungsstellen (Pfeile in Abb. 89) kann schon helfen. Reparaturen am Transistorteil überläßt man besser Fachleuten.

1000 MB: Scheibenwischermotor

Der 1000 MB hat einen Wischermotor mit Nebenschluß-Erregerwicklung und einer Reibungsbremse B, die von einem kleinen Elektromagneten gelöst wird, wenn man den Wischermotor einschaltet. Als Endschalter E und Scheibenwischerschalter S genügen daher einfache Ein-Aus-Schalter. Der Intervallschalter vom S 100 kann auch hier nachträglich angeschlossen werden. Der Kurzschlußkontakt 4 bleibt in diesem Falle frei. Die Schaltung einschließlich der elektrischen Scheibenwaschanlage W zeigt Abbildung 90. Die gestrichelten Leitungen wären neu zu verlegen.

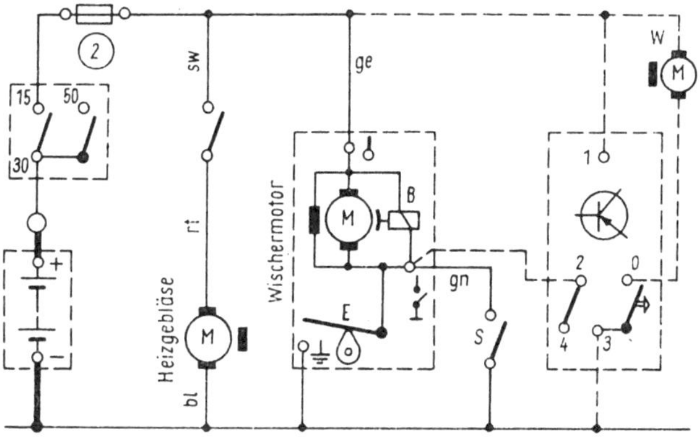

Abb. 90
1000 MB: Schaltung von Heizgebläse und Scheibenwischer

Wischerantrieb

Bleiben die Wischer nicht in der unteren Endlage stehen, so kann das durch Verdrehen der Kurbel gegenüber der Antriebswelle (Abb. 91) korrigiert werden. Schlagen die Scheibenwischer in ihrer Endlage am unteren Scheibengummi an oder stehen sie schräg in einem zu großen Abstand vom Scheibenrand, so muß

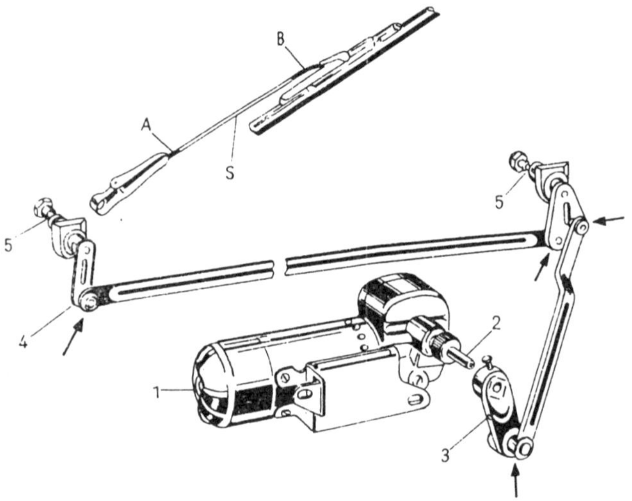

Abb. 91
Scheibenwischerantrieb; 1 – Scheibenwischermotor, 2 – Antriebswelle, 3 – Kurbel, 4 – Verstellbares Antriebsgelenk, 5 – Welle des Wischerarmes, S – Strebe des Wischerarmes

jeder Wischerarm einzeln von seiner Welle abgeschraubt und in der richtigen Stellung wieder befestigt werden.

Alle vier Gelenke und auch die Wellen der Wischerarme können hin und wieder einen Tropfen Öl gebrauchen (Pfeile in Abb. 91). Die über die Scheibe gleitenden Gummiblätter brauchen das Regenwasser als Schmiermittel. Laufen sie trocken, werden der Wischermotor und die Antriebsgelenke viel stärker beansprucht. Sind sie an der Scheibe angefroren, kann beim Einschalten der Wischermotor durchbrennen.

Wischen die Gummiblätter die Scheibe nicht einwandfrei sauber, stehen die Wischergummis meist nicht senkrecht, sondern schräg zur Scheibe. Um das festzustellen, schaltet man die laufenden Wischer nicht mit dem Schalter, sondern durch Ausschalten der Zündung aus. Sie müssen dabei möglichst in Scheibenmitte stehenbleiben. Stehen die Gummiblätter in dieser mittleren Stellung nicht senkrecht zur Scheibenfläche (Abb. 92), so muß die den Wischer tragende Strebe (in Abbildung 91 mit S bezeichnet) in sich ein wenig verdreht werden. Mit einer Flachzange wird hierbei die Strebe bei A festgehalten, mit einer zweiten Zange – bei B angesetzt – verdreht und so in die gewünschte Lage gebracht. Dabei muß vorsichtig vorgegangen werden, um den Wischerarm nicht abzubrechen. Man sollte ferner zwischen Strebe und Zangen einen Lappen legen, um mit den scharfkantigen Zangen nicht die Oberfläche der Strebe zu beschädigen.

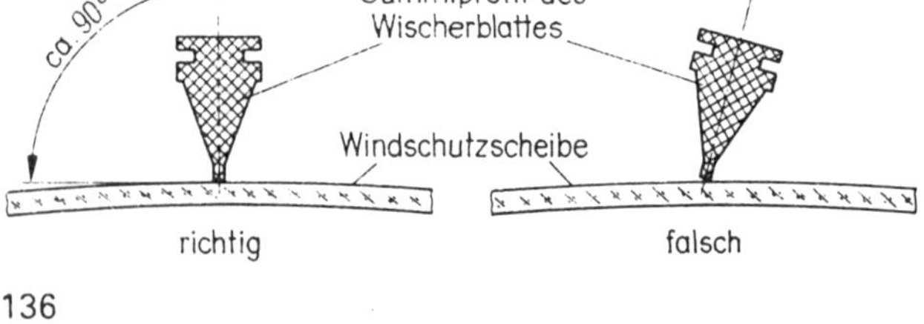

Abb. 92
Stellung des Scheibenwischerblattes zur Windschutzscheibe

Abb. 93
S 100: Schaltung von Fahrtrichtungsanzeiger und Warnblinkanlage ab Baujahr 1971

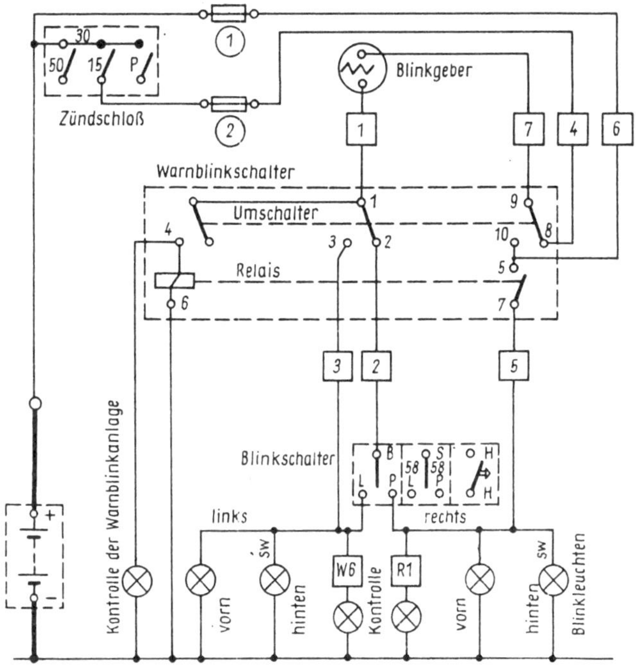

Blinkanlage

Beim S 100 ist die Fahrtrichtungsblinkanlage mit der Warnblinkschaltung kombiniert, bei der alle vier Blinkleuchten gleichzeitig blinken. Abbildung 93 zeigt die Schaltung der neuen Ausführung, bei der die Warnblinkanlage ständig, nicht nur bei eingeschalteter Zündung, betriebsbereit ist. Bei ausgeschalteter Warnanlage (gezeichnete Stellung) liegt der Blinkgeber über die Schalterkontakte 8 und 9 an Sicherung 2 und bekommt dadurch erst bei eingeschalteter Zündung Spannung. Über die Schalterkontakte 1 und 2 ist er mit dem Fahrtrichtungsblinkschalter verbunden, der beim Schalten nach links oder rechts den Stromkreis über die Blinkleuchten einer Seite schließt, die der Blinkgeber rhythmisch aufleuchten läßt.

Warnblinkschaltung

Wird die Warnblinkanlage eingeschaltet, so verbindet der Umschalter (s. Abb. 93) die Kontakte 9 und 10 und legt den Blinkgeber an Sicherung 1, die auch bei ausgeschalteter Zündung Spannung führt. Über die Kontakte 1 und 3 wird der Geber mit den Blinkleuchten der linken Seite verbunden, die nunmehr ständig blinken. Gleichzeitig werden über den Kontakt 4 das Relais und die zusätzliche Kontrollampe an den Geber geschaltet, die dadurch im gleichen

Rhythmus wie die Blinkleuchten der linken Seite arbeiten. Das Relais schließt in diesen Rhythmus seine Arbeitskontakte 5 und 7 und schaltet damit die Blinkleuchten der rechten Seite ein und aus (Die Zahlen innerhalb der Quadrate in Abbildung 93 sind die Anschlüsse der Steckerleiste hinter dem Tachometer).

Die ersten S 100 hatten noch einen Warnblinkschalter, der nur bei eingeschalteter Zündung funktionierte. Der Stromkreis der Zündspule wurde dabei vom Warnschalter unterbrochen. Bei Druck auf den Schaltknopf konnte er in Warnblinkstellung eingeschaltet werden. Die Schaltung (Abb. 94) arbeitet wie bei der neuen Ausführung, nur die Umschaltung von Sicherung 2 an Sicherung 1 und der dafür erforderliche Kontakt 10 fehlen. Über die Kontakte 8 und 9 wird hier die Zündung unterbrochen.

Störungen in der Funktion der Warnblinkanlage sind meist am Relais und an dessen Arbeitskontakten zu suchen, die sehr zierlich ausgeführt sind und relativ hohe Ströme zu schalten haben. Eine Beseitigung der Abbrandspuren und die exakte Einstellung gleichmäßiger Kontaktabstände helfen. Wenn das Relais oder seine Kontakte nicht funktionieren, blinken bei Warnschaltung nur die Blinkleuchten der linken Seite.

S 100: Fahrbahnbeleuchtung

Die Parkschaltung (Abb. 95) ist nur bei angeschlossener Lenksäule über Kontakt P des Zündschlosses wirksam. Wahlweise können die linken (58 L) oder rechten

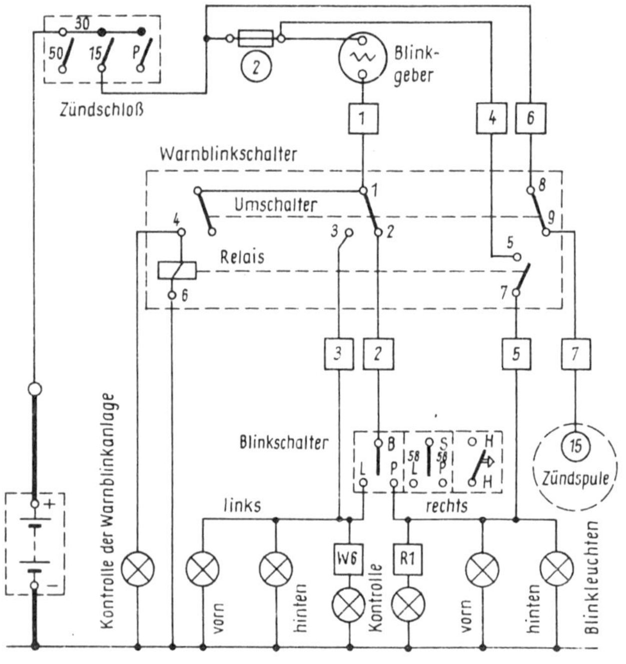

Abb. 94
S 100: Schaltung des zündabhängigen Warnblinkschalters, Baujahr 1970

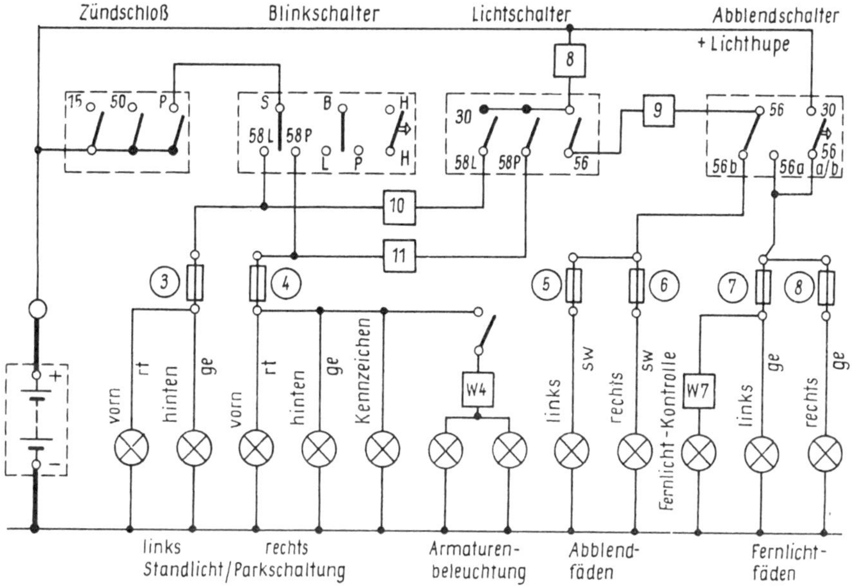

Abb. 95 S 100: Schaltung von Fahrbahnbeleuchtung und Parklicht

(58 P) Standleuchten mit dem Blinkschalter eingeschaltet werden. Bei Standlicht verbindet der Lichtschalter die Anschlüsse 58 L und 58 P direkt mit 30, in der zweiten Schaltstellung schaltet er zusätzlich den Scheinwerferanschluß 56 an 30, wobei über den Abblendschalter wahlweise Fernlicht (56 a) oder Abblendlicht (56 b) leuchtet. In Stellung „Lichthupe" wird 56 a mit 30 verbunden.

1000 MB: Fahrbahnbeleuchtung

Der 1000 MB (Abb. 96) hat einen getrennten Schalter für die an Sicherung 1 liegenden gesonderten Parkleuchten. Für die gesamte Fahrbahnbeleuchtung besitzt er gleichfalls nur einen Schalter, der in Stellung 1 das Standlicht (30 und 58), in Stellung 2 zusätzlich das Abblendlicht 30 an 58 und 56b, in Stellung 3 das Fernlicht (30 an 58 und 56a) schaltet. Bei Druck auf den Schaltgriff werden unabhängig von der Schaltstellung die Kontakte 30 und 56a (Lichthupe) verbunden.

Zugänglichkeit der Aggregate

S 100: Die Schaltknöpfe des Intervall-, Warnblink- und Lichtschalters lassen sich abziehen. Dahinter liegen die Ringmuttern, mit denen die Schalter befestigt sind. An den Intervallschalter, an das Blink- und Bremskontrollrelais kommt man durch den Ausschnitt unter dem Armaturenbrett heran. Die in der Mitte unter dem Aschenbecher liegenden Schalter sind auch von rechts nach Abschrauben

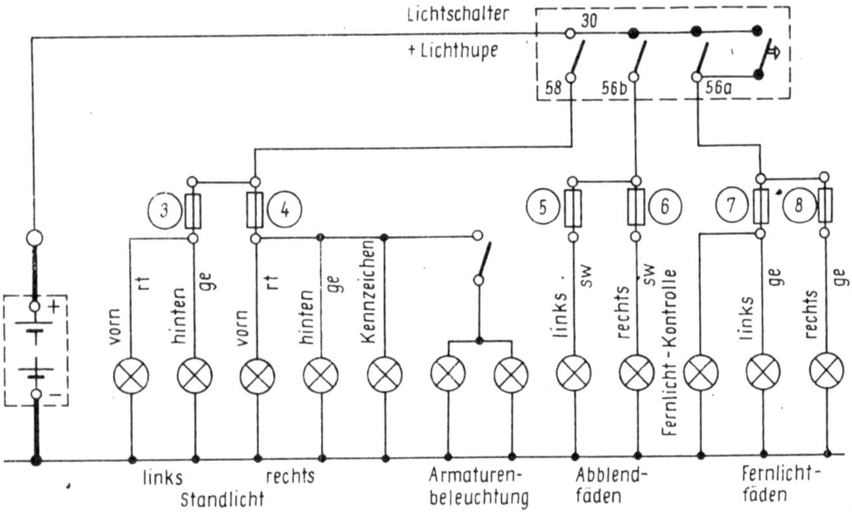

Abb. 96 1000 MB: Schaltung der Fahrbahnbeleuchtung

und Verschieben des Handschuhkastens (zwei Schrauben) zu erreichen. Besser kommt man nach Herausnahme des Kombinationsgerätes (Abb. 97) heran, das links und rechts von je einem Schnellverschluß gehalten wird, die beim Einschieben von selbst einrasten. Diese beiden unter Federdruck stehenden Stifte müssen gelöst, die Tachometerwelle abgeschraubt, die beiden Steckerleisten und das Massekabel abgenommen werden. Hinter diesem Instrument liegt auch die Steckerleiste mit insgesamt 16 Steckern, deren Anschlußnummern in den Schaltplänen quadratisch eingerahmt sind. Die Lenksäulenschalter sind

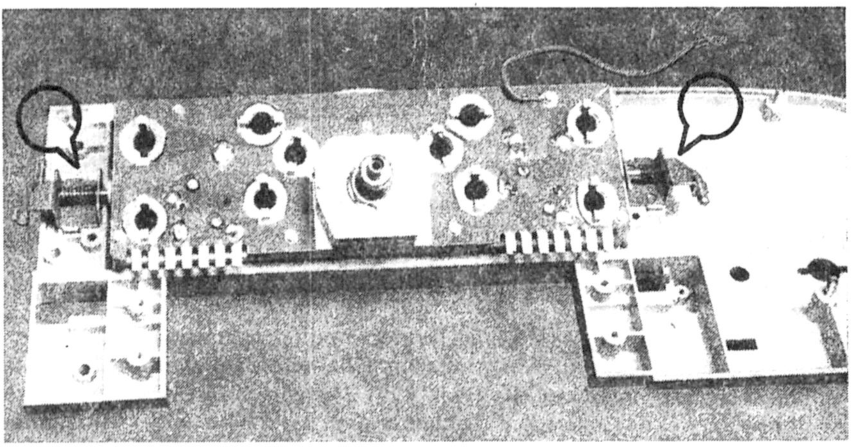

Abb. 97 Schnellverschlüsse des Kombinationsgerätes, links eingerastet, rechts entriegelt

nach Abschrauben der unteren Verkleidungsplatte (vier Schrauben) sehr gut zu erreichen.
1000 MB: Die Lichtschalter sind nach Abnahme der unteren Halbschale der Verkleidung zu erreichen. Dazu müssen zwei Schlitzschrauben gelöst werden, die links und rechts nahe der gepolsterten Kante des Armaturenbrettes von unten eingeschraubt sind. Außerdem sind die Ringmuttern vom Blinkschalter und Lichtschalter abzuschrauben und die darunterliegenden Scheiben in Richtung der Schalterhandgriffe abzudrücken. Die Scheiben halten die beiden Halbschalen der Verkleidung zusammen. Das komplette Kombinationsgerät wird in der Armaturentafel von zwei Schrauben gehalten. Die Muttern sind durch den Handschuhkasten (rechts) und durch den Ausschnitt links unten neben der Lenksäule zu erreichen.
Für Arbeiten an der elektrischen Anlage kann man einige Schraubenzieher verschiedener Größe gut gebrauchen, nicht nur zum Anziehen der Schrauben, sondern auch zum Herausdrücken der Kontrollampen aus ihren Steckfassungen und zum Abdrücken der Flachstecker von ihren Fahnen. Auch ein Seitenschneider und eine Flachzange leisten gute Dienste, denn mit der klobigen Kombizange kommt man nicht überall heran.

Drehstromausrüstung

Seit 1973 hat der S 100 eine Drehstromlichtmaschine mit eingebauten Gleichrichterdioden. Sie darf niemals ohne angeschlossene Batterie laufen, um die Dioden nicht durch Spannungsspitzen zu gefährden. Ein (nachträglich eingebauter) Batteriehauptschalter darf deshalb nur bei Motorstillstand ausgeschaltet werden. Schon ein versehentliches Abschalten während des Motorlaufes kann die Dioden zerstören. Sollte am Fahrzeug elektrisch geschweißt werden, sind vorher die Lichtmaschinenanschlüsse zu lösen. Beim Nachladen der Batterie mit einem am Lichtnetz angeschlossenen Ladegerät wird empfohlen, die Batterie abzuklemmen und das Ladegerät an den Batteriepolen anzuschließen, damit nicht eventuelle Netzspannungsspitzen die Dioden gefährden.

Schaltmethodik

Die Schaltung der Skoda-Drehstromlichtmaschine in Verbindung mit dem Spannungsregler zeigt Abbildung 98. Einen Rückstromschalter, der bei Gleichstromanlagen die Lichtmaschine vom Bordnetz abschaltet, gibt es hier nicht, da die Dioden den Gleichstrom nur in einer Richtung durchlassen und in der Gegenrichtung den Stromfluß sperren. Ein falscher Anschluß der Batterie (plus und minus vertauscht) würde zum sofortigen Kurzschluß führen, weil in diesem Fall die Dioden in Durchlaßrichtung liegen, also Vorsicht!
Bei eingeschalteter Zündung erhält die auf dem Läufer zwischen zwei Klauenpolhälften liegende Erregerwicklung über Kohlebürsten und Schleifringe Spannung (Stromfluß vom Pluspol der Batterie nach Klemme 15/54 des Reglers, über

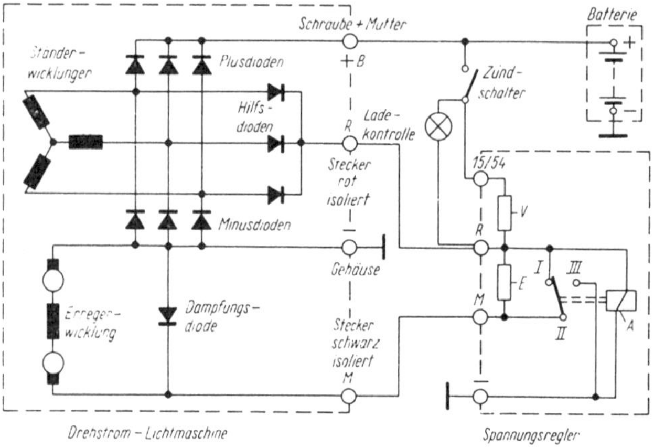

Abb. 98
Schaltung von Drehstromlichtmaschine und Spannungsregler im S 100, Baujahr ab 1973

die Ladekontrollampe und den Vorwiderstand V zur Klemme R, über die Regelkontakte I und II zur Klemme M, von dort zur Lichtmaschine und über die Erregerwicklung zur Masse). Dreht sich der Läufer, so induzieren seine gegensätzlich magnetisierten Pole Wechselstrom in den zusammengeschalteten Ständerwicklungen, deren Enden mit den Gleichrichterdioden (Plusdioden und Minusdioden) verbunden sind, von denen der Gleichstrom abgenommen wird. Die Hilfsdioden führen Pluspotential zur Klemme R, das bei ladender Lichtmaschine die Ladekontrollampe verlöschen läßt (sie erhält dann von beiden Seiten plus) und die volle Erregung der Lichtmaschine sichert.

Ladespannung

Steigt bei Drehzahlerhöhung die Ladespannung über den am Regler eingestellten Sollwert (13,8 bis 14,2 Volt), zieht die Spannungsspule A den Regelanker II an und löst ihn vom Kontakt I. Damit wird der Regelwiderstand E zwischen den Klemmen R und M wirksam und reduziert die Erregung der Lichtmaschine. Reicht diese Regelung (rasches Öffnen und Schließen der Regelkontakte I und II), zum Beispiel bei hohen Motordrehzahlen, nicht aus, um die Ladespannung auf etwa 14 Volt konstant zu halten, zieht die Spannungsspule A den Regelanker II bis zum Kontakt III an und schließt damit die Erregerwicklung kurz (beide Anschlüsse an Masse), wodurch die Ladespannung stark absinkt. Damit läßt auch die Magnetkraft der Spannungsspule A wieder nach, der Regelanker II löst sich unter dem Einfluß der Rückstellfeder von Kontakt III, und das Regelspiel beginnt von neuem.

Prüfmöglichkeit

Die Höhe der Ladespannung kann man mit einem Voltmeter selbst prüfen, das am Pluspol der Batterie (oder an Klemme +B der Lichtmaschine bzw. an irgendeinem Punkt des Bordnetzes, der damit verbunden ist, z. B. Klemme 30 des

Zündschlosses) und an Masse angeschlossen wird. Liegt sie bei mitteren und höheren Motordrehzahlen unter 13,5 Volt, so wird die Batterie nicht ausreichend geladen, und im Winter sind Startschwierigkeiten die Folge. Liegt sie über 14,5 Volt, so wird die Batterie besonders auf Fernfahrten ohne Lichtlast überladen. Sie „kocht" und verbraucht übermäßig viel destilliertes Wasser, und die austretenden Säuredämpfe verursachen starke Korrosion an den Karosserieteilen in der Umgebung der Batterie.
Korrekturen der Ladespannung sind an der Aufhängung der Rückstellfeder des Regelankers möglich (höhere Federkraft ergibt höhere Ladespannung). Solche Eingriffe, die außer Meßgeräten Kenntnisse und Erfahrungen erfordern, sollten jedoch der Fachwerkstatt überlassen werden.

Ladekontrollampe

Verlischt die Ladekontrollampe nicht bereits im Leerlauf oder bei wenig höheren Motordrehzahlen, so sollten die Kabelanschlüsse an Lichtmaschine (Abb. 99) und Regler auf festen Sitz geprüft werden. Bei beiden Aggregaten kommt es auch auf einen einwandfreien Masseanschluß an. Zur Prüfung der Funktion sollte deshalb eine direkte Kabelverbindung vom Masseanschluß des Reglers zum Gehäuse der Lichtmaschine (Schlitzschraube) eingesetzt werden. Sie kann ständig angeschlossen bleiben. Ladet die Lichtmaschine trotz exakter Anschlüsse nicht oder liegt die Ladespannung wesentlich unter 13,5 Volt, so deutet das auf einen Defekt einer oder mehrerer Dioden hin. Die Prüfung und Reparatur ist Sache der Fachwerkstatt.

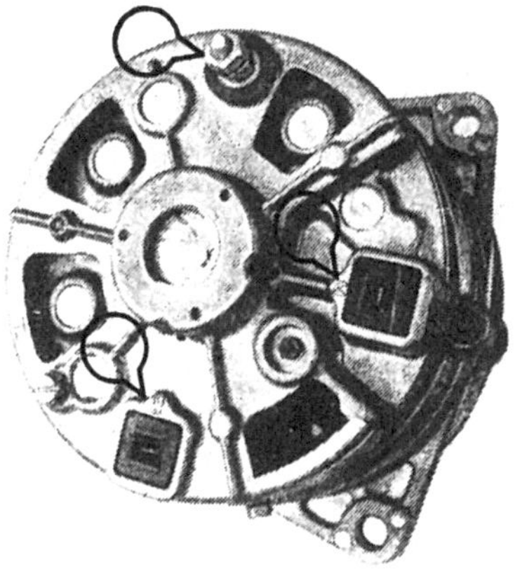

Abb. 99
Anschlüsse der Drehstromlichtmaschine; Schraube mit Sechskantmutter = Batterie (Pluspol); rot isolierter Stecker = Klemme R; schwarz isolierter Stecker = Klemme M

Nützliche An- und Einbauten

Alle bisherigen Erklärungen dienten dem Zweck, den Skoda immer fahrfertig und gleichzeitig betriebs- und verkehrssicher zu halten. In diese drei Komplexe einbeziehen kann man die elektrischen Einrichtungen, die zur weiteren Erhöhung der Verkehrssicherheit beitragen – Nebelscheinwerfer, Nebelschlußleuchte u. Warnblinkanlage – sowie die speziellen Sicherheitseinrichtungen. Wer einige Grundkenntnisse in der Elektrik besitzt, kann diese Zusatzeinrichtungen durchaus selbst installieren, anderenfalls beauftragt man damit eine Elektrowerkstatt.

Energiebilanz

Zur Ergänzung der elektrischen Anlage sind Nebelscheinwerfer von Vorteil. Sie gehören aber, besonders in der Ausführung mit Halogenlampen, zu den Stromgroßverbrauchern, die die Energiebilanz ganz erheblich beeinflussen.
Zwei Halogenlampen belasten das Bordnetz mit 2 × 55 Watt Nennleistung bei 12 V. Bei einer Betriebsspannung von 14 V, die der Lichtmaschinenregler in mitteleren und höheren Drehzahlen einstellt, nimmt jede Halogenlampe fast 70 W auf, vorausgesetzt, der Spannungsabfall in der Zuleitung ist so groß, daß die vorgeschriebenen 13,2 V unmittelbar am Lampensockel nicht wesentlich überschritten werden. Auch die Biluxlampen der Hauptscheinwerfer sowie alle übrigen Verbraucher nehmen im praktischen Fahrbetrieb eine Leistung aus dem Bordnetz auf, die bis etwa 30 Prozent über der angegebenen Nennleistung liegt.
Daraus ergibt sich bei den Dauerverbrauchern etwa folgende Energiebilanz:

Standlicht	40 W	Nebelschlußleuchte	27 W
Abblendlicht	140 W	Scheibenwischer	35 W
Fernlicht	150 W	Heizgebläse	25 W
2 Nebelscheinwerfer	140 W	Zündung	15 W

Bei der für die Gleichstromlichtmaschine des Skoda angegebenen Leistung von 300 W handelt es sich aber bereits um die obere Grenze, die sich aus der geregelten Lichtmaschinenspannung von 14 V und aus dem Einsatz des Stromreglers bei 22 A ergibt (14 × 22 = 308).
Eine Fahrt mit Abblendlicht und zwei Halogen-Nebelscheinwerfern (mit Zündung insgesamt 295 W) belastet die Lichtmaschine schon so weit, daß für die Batterieladung kaum noch Energie übrigbleibt. Mit Scheibenwischer und Heizgebläse wäre die Lichtmaschine bereits überlastet (355 W). Mit nur einem Nebelscheinwerfer (70 W weniger) reicht die Lichtmaschinenleistung aus.
Drehstromlichtmaschinen (12 V) haben Leistungen von 400 bis über 500 W je nach Typ und verfügen über wesentlich größere Reserven. Im Prinzip läßt sich jede Pkw-Drehstromlichtmaschine nachträglich in die Skoda-Wagen einbauen.

Dazu sind passende Halter anzufertigen, die das Schwenken der Lichtmaschine zum Spannen des Keilriemens ermöglichen. Je nach den Anbaubedingungen sind eventuell ein längerer Keilriemen und eine andere Riemenscheibe erforderlich. Auf jeden Fall braucht man zur jeweiligen Lichtmaschine – ganz gleich welchen Typs – auch den dazugehörigen Regler. Der vorhandene Regler der Gleichstrommaschine ist in keinem Fall verwendbar.

Nebelscheinwerfer

Werden zwei Halogen-Nebelscheinwerfer gemeinsam mit dem Standlicht geschaltet, so ergeben sich 195 W bzw. mit Scheibenwischer und Heizgebläse 255 W. Hier reicht die Reserve der Gleichstromlichtmaschine in jedem Fall noch für eine Nebelschlußleuchte. Diese Schaltung ist aber nur zulässig, wenn die im § 60, Abs. 1 StVZO festgelegten Anbaubedingungen eingehalten werden:

1. Paarweiser Anbau in gleicher Höhe und in gleichem Abstand von der Fahrzeugmitte
2. Nicht mehr als 40 cm Abstand zwischen dem Rand der Lichtaustrittsfläche und der Außenkante des Fahrzeuges
3. Tiefster Punkt mindestens 25 cm, höchster Punkt maximal 75 cm über der Fahrbahn, aber nicht höher als die Hauptscheinwerfer.

Bei Nebel ist die Schaltung gemeinsam mit dem Standlicht am günstigsten, denn damit wird die berüchtigte „weiße Wand" vor dem Wagen vermieden, die durch Reflexion des von den Abblendfäden der lichtstarken Scheinwerferlampen schräg nach oben ausgestrahlten Direktlichtes entsteht. Eine sichere Befestigung, die ein unbeabsichtigtes Verstellen ausschließt, ist ebenso vorgeschrieben wie die richtige Einstellung, um Blendungen des Gegenverkehrs zu vermeiden. Als Richtwert für die Einstellung der Nebelscheinwerfer gilt folgende Beziehung: Liegen die Mitten der Nebelscheinwerfer niedriger als die Mitten der Hauptscheinwerfer, so muß die Hell-Dunkel-Grenze der Nebelscheinwerfer um den gleichen Höhenabstand unterhalb der des (vorschriftsmäßig eingestellten) Abblendlichtes verlaufen.

Nebelschlußleuchte

Zwischen der Nebelschlußleuchte, die links anzubringen ist, und der Bremsleuchte muß ein Abstand von mindestens 10 cm verbleiben (gemessen von den Rändern der Lichtaustrittsflächen). Die maximal zulässige Höhe über der Fahrbahn darf 80 cm nicht überschreiten. Zwei Nebelschlußleuchten (paarweise in gleicher Höhe und gleichem Abstand von der Mitte, mindestens 60 cm voneinander entfernt) sind auch zulässig, aber nicht notwendig.
Für die Nebelschlußleuchte sind ein getrennter Schalter und eine Kontrollampe vorgeschrieben. Sie darf gemäß Ausnahmegenehmigungen des MdI Nr. 8/71 wahlweise zusammen mit Nebelscheinwerfern, Abblendlicht oder Fernlicht bei Nebel und Schneefall eingeschaltet werden, wenn die Sichtweite weniger als 50 m beträgt.

Anschlußmöglichkeiten

Die Schaltung von zwei Nebelscheinwerfern und einer Nebelschlußleuchte zeigt Abbildung 100. Das Relais (12 V) und die Nebelschlußleuchte mit Kontrollampe sind am Ausgang der Sicherung 3 (Standlicht links) angeschlossen. Die Ausgänge der Sicherungen liegen beim 1000 MB oben, beim S 100 links an der Blechkante. Die Nebelschlußleuchte ist nur bei eingeschalteten Nebelscheinwerfern betriebsbereit. Die von den Arbeitskontakten des Relais geschalteten Nebelscheinwerfer sind über eine zusätzliche Sicherung (15 A) am Eingang der Sicherung 1 angeschlossen. Hier reicht der vorhandene Leitungsquerschnitt für die zusätzliche Belastung der Halogenlampen aus. Die im Stromkreis des Standlichtes (Sicherung 3 bzw. 4) verlegten Leitungen würden bei direktem Anschluß ohne Relais überlastet werden.
Wird nur ein Nebelscheinwerfer angebaut oder werden die Anbauvorschriften gemäß § 60 StVZO bei zwei Nebelscheinwerfern nicht eingehalten (z. B. Abstand von der Außenkante weiter als 40 cm), so gilt die Schaltung in Abbildung 101. Hier kann ohne Relais an Klemme 56 des Abblendschalters mit angeschlossen werden. Der Leitungsquerschnitt reicht aus. In diesem Falle sind zusätzliche Sicherungen für Nebelscheinwerfer (8 A für einen, 15 A für zwei) und Nebelschlußleuchte (8 A) erforderlich. Beim 1000 MB ist der Anschluß an Klemmen 56b (Abblendlicht) des Lichtschalters oder am Eingang der Sicherungen 5 bzw. 6 möglich.
Für die Leitungen der Nebelschlußleuchte, der Kontrollampe und der Relaisspule reicht ein Querschnitt von 0,75 mm^2. Für den Stromkreis der Halogenlampen, also von Sicherung 1 über die zusätzliche Sicherung, die Arbeitskontakte des Relais zu den Lampen und von den Lampen zur Masse, sind Leitungen im Querschnitt von 2,5 mm^2 erforderlich. Beim Anschluß an Klemme 56 des Abblendschalters entfernt man den vorhandenen Stecker und quetscht (oder lötet) die bisherige und die zusätzliche Leitung (2,5 mm^2) gemeinsam an einen neuen Flachstecker.

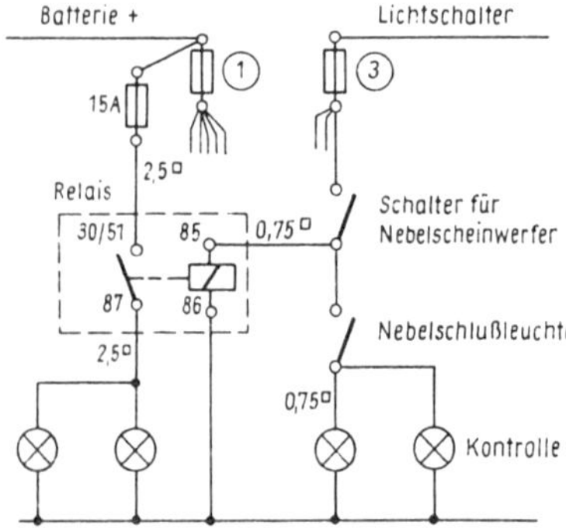

Abb. 100
Schaltung von zwei Nebelscheinwerfern und einer Nebelschlußleuchte (mit Standlicht)

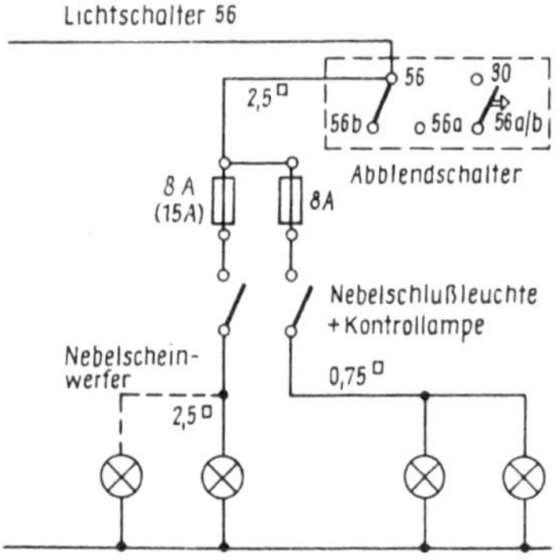

Abb. 101
Schaltung von zwei Nebelscheinwerfern und einer Nebelschlußleuchte (mit Abblendlicht)

Abb. 102
Schaltung der Warnblinkanlage des S 100 im 1000 MB

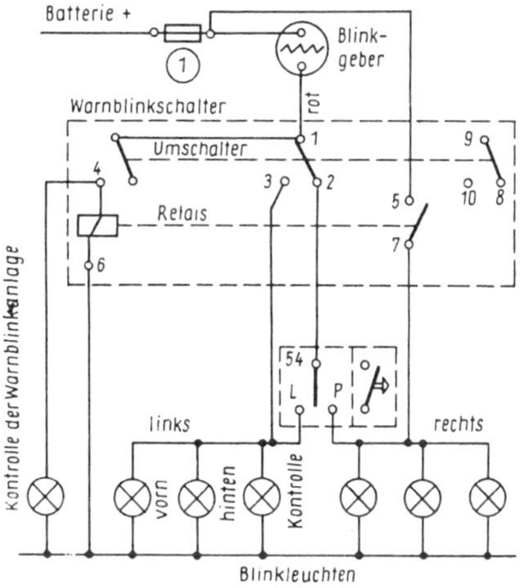

Warnblinkschalter 1000 MB

Der Warnblinkschalter des S 100 läßt sich nachträglich im 1000 MB einbauen; Abbildung 102 zeigt das Schaltbild. Die Anschlüsse 3 und 7 schließt man am besten nach Abnahme der Lenksäulenverkleidung an den Steckern des Blinkschalters an (alte Stecker entfernen, neue Stecker mit zusätzlicher Leitung anquetschen). Die vom Blinkgeber kommende (rote) Leitung, die bisher an 54 steckte, wird verlängert und zum Anschluß 1 des Warnblinkschalters geführt. Die Verbindung vom Anschluß 2 zum Blinkschalter (54) ist neu zu verlegen. Anschluß 5 kann mit dem Eingang des Tastenschalters der Innenlampen verbunden werden (schwarze Leitungen), er liegt an Sicherung 1. An 4 ist die zusätzliche Kontrollampe anzuschließen, und 6 ist mit Masse zu verbinden. Die Anschlüsse 8, 9 und 10 werden nicht gebraucht, da beim 1000 MB die Fahrtrichtungsblinkanlage bereits an Sicherung 1 liegt. Für die Warnblinkschaltung wird hier eine 15-A-Sicherung gebraucht.

Signalhorn über Relais

Das Signalhorn ist bei beiden Typen ungeschützt dem Spritzwasser ausgesetzt. Da das Horn direkt an der Sicherung 1 angeschlossen ist, stehen seine Zuleitungen ständig unter Spannung (Abb. 103 links). Besonders im Winter auf chemisch behandelten Straßen werden dadurch Kriechströme begünstigt, die die Batterie schwächen. Deshalb ist der Einsatz eines Signalrelais (12 V) zu empfehlen, dessen Schaltung die Abbildung 103 rechts zeigt.
Die Relaisspule wird mit 85 an Sicherung 1 und mit 86 am Signalkontakt des Blinkschalters angeschlossen, der bisher mit dem Horn verbunden war (probieren). Die bisher an den beiden Anschlüssen des Horns getrennt angeschlossenen Leitungen werden nach Lösen an Sicherung 1 bzw. am Blinkschalter

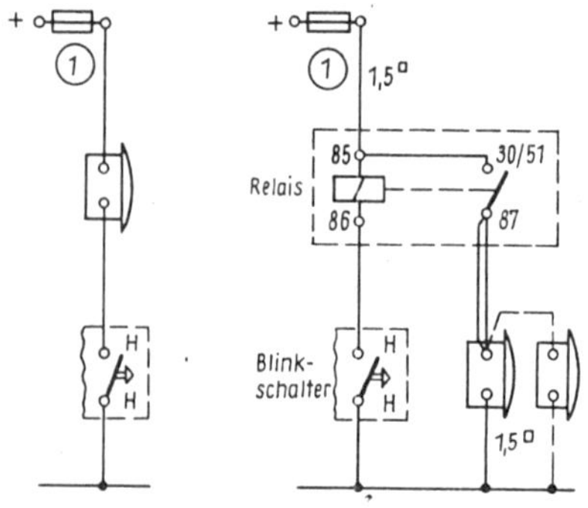

Abb. 103
Schaltung des Signalhornes über Relais

miteinander verbunden (parallel geschaltet) und an einem Anschluß des Horns sowie an Klemme 87 des Relais gemeinsam angeschlossen. Klemme 30/51 des Relais kommt an Sicherung 1, der zweite Anschluß des Horns auf kürzestem Wege an Masse.
Diese Schaltung hat nicht nur den Vorteil, daß die Leitung zum Horn nur beim Hupen Spannung erhält, sondern daß durch die Parallelschaltung nunmehr der doppelte Querschnitt vorhanden ist, der auch für zwei Hörner oder Fanfaren reicht. In diesem Falle muß die Sicherung 1 aber für 15 A bemessen werden, falls nicht schon Sicherungen dieses Typs eingesetzt sind.

Diebstahlsicherung

Die Lenksäulenblockierung erschwert zwar den Diebstahl des Wagens, schützt aber nicht vor Einbruch in den Wagen und vor dem Verlust im Wagen liegender Gegenstände. Akustische Alarmanlagen haben sich hier gut bewährt. Sie lösen beim Öffnen einer Tür den Dauerton der Hupe aus. Dadurch werden Passanten aufmerksam, und der Täter entfernt sich erfahrungsgemäß sehr schnell, weil er nicht mehr unbeobachtet vorgehen kann. Die einmal ausgelöste Hupe ertönt bei dieser Anlage so lange, bis der Besitzer des Wagens den Hauptschalter ausschaltet. Befindet er sich außerhalb der Hörweite seines Wagens, so kann das „Konzert" bis zum Entladen der Batterie andauern. Für die serienmäßige Hupe reicht die Kapazität der voll geladenen Batterie etwa 12 Stunden, für Zweiklangfanfaren reichlich 4 Stunden. Eine entladene Batterie ist aber dem Verlust wertvoller Gegenstände oder des ganzen Wagens immer noch vorzuziehen.
Die Schaltung einer Alarmanlage zeigt Abbildung 104. Hier wird die serienmäßige Hupe von den Türschaltern ausgelöst, die gleichzeitig die Innenbeleuchtung einschalten. Die beiden Relais (12 V) und der Hauptschalter sind einzubauen Bei eingeschaltetem Hauptschalter erhalten beim Öffnen einer Tür und Aufleuchten der Innenlampe auch die parallel geschalteten Magnetspulen (Relaisanschlüsse 85 und 86) Spannung und schließen ihre Arbeitskontakte (Relaisanschlüsse 30/51 und 87). Die Arbeitskontakte des Relais 2 schalten eine

Abb. 104
Schaltung der Diebstahlsicherung

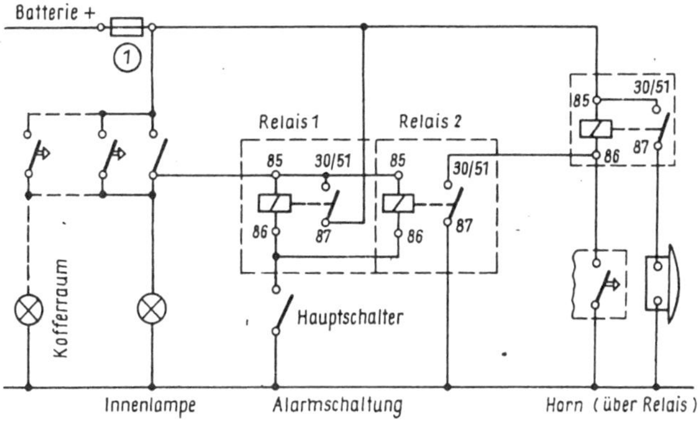

Hupe ein, die des Relais 1 überbrücken die Türschalter und schalten die Relais auf Selbsthaltung. Dadurch bleiben die Innenbeleuchtung und die Hupe auch dann eingeschaltet, wenn der Türschalter, der den Alarm ausgelöst hat, beim Schließen der Tür wieder ausschaltet. Erst beim Ausschalten des Hauptschalters werden beide Relais stromlos, die Arbeitskontakte öffnen sich und schalten die Hupe und die Innenbeleuchtung aus.
Diese Alarmanlage sichert nur die Tür, die bereits mit einem Schalter für die Innenbeleuchtung ausgerüstet ist. Zur Sicherung des Kofferraumes sollte ein zusätzlicher Schalter parallel angeschlossen werden, der beim Öffnen der Haube einschaltet. Er kann gleichzeitig eine Lampe im Kofferraum in Tätigkeit setzen (gestrichelt eingezeichnet), die gemeinsam mit der Innenlampe aufleuchtet.
Die beiden Relais können unter dem Armaturenbrett angeschraubt werden. Der Hauptschalter muß bei geschlossenen Wagentüren von außen erreichbar sein. Man könnte ihn zum Beispiel versteckt in den Luftschacht vor dem Motorraum einbauen, so daß er durch eines der seitlichen Ziergitter hindurch mit dem Finger erreicht werden kann. Man könnte ihn auch hinter dem Ziergitter am Heck anbringen oder als Sicherheitsschaltschloß ausbilden.
In Verbindung mit der serienmäßigen Hupe hat diese Anlage allerdings einen Nachteil: die Hupenkabel könnten mit einem Griff abgerissen werden. Am besten wäre daher, die Hupe im Reserveradraum anzubringen, sie ist auch hier noch laut genug. Zumindest sollten aber ihre Zuleitungen einschließlich des Isolierteiles an der Hupe mit den beiden Anschlußklemmen dick mit Isolierband umwickelt werden. Das Abreißen und Unwirksammachen ist dann nicht mehr so ohne weiteres möglich.

Batteriehauptschalter

Der Einbau eines Batteriehauptschalters ist bei beiden Skodatypen zu empfehlen, weil durch die Lage der Batterie im Bedarfsfall ihr Abklemmen umständlich und zeitaufwendig ist.
Der Batteriehauptschalter kann so eingebaut werden, daß entweder das Plus-

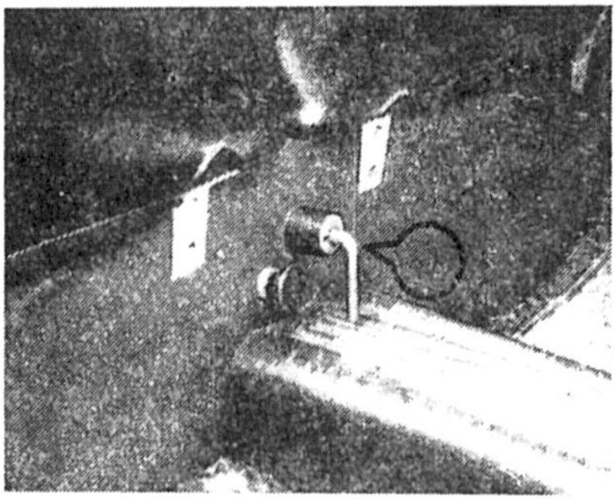

Abb. 105
Batteriehauptschalter mit abziehbarem Schaltgriff (Pfeil), links daneben der Zugknopf für den nachträglich eingebauten mechanischen Startvergaser

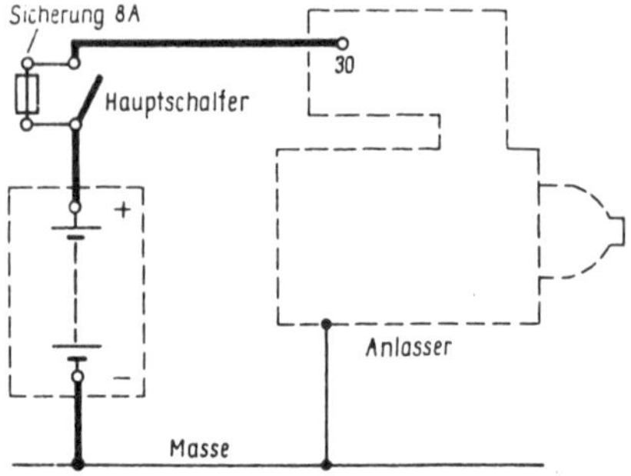

Abb. 106
Batteriehauptschalter im Pluskabel. Die Sicherung läßt auch bei abgeschalteter Batterie den Strom für die Parkschaltung fließen, brennt aber bei Anlasserbetätigung oder Kurzschluß durch

oder das Minuskabel unterbrochen werden. Wichtig ist, daß das Kabel von der Batterie zum Hauptschalter so kurz wie möglich gehalten wird. Wir haben den Hauptschalter in die Plusleitung eingebaut, weil wir dabei die im Batteriekasten vorhandene Kabeldurchführung nutzen konnten. Der Hauptschalter bekam seinen Platz oberhalb des Mitteltunnels im Stützblech, auf dem die hinteren Sitze liegen (Abb. 105). Hier ist er jederzeit gut zu erreichen.
Bei ausgeschaltetem Batteriehauptschalter ist die gesamte elektrische Anlage stromlos, die Parkschaltung oder eine elektrische Alarmanlage würden in diesem Falle nicht funktionieren. Man kann diese Funktion trotzdem sichern, ohne auf die Vorteile des Hauptschalters zu verzichten. Die Kontakte des Hauptschalters werden mit einer 8-A-Sicherung (15 A bei zwei Hörnern) überbrückt. Sie läßt auch im ausgeschalteten Zustand den für die Park- oder Alarmschaltung erforderlichen Strom fließen, brennt aber bei eventuellem Kurzschluß oder bei Anlasserbetätigung durch und schaltet damit die Anlage völlig aus (Abb. 106).

Verwendete Literatur:
Reparaturhandbuch Skoda 1000 MB/S 100, Ersatzteilkataloge
tschechoslowakische Motor-Revue

Sachwortverzeichnis

T

U

V

W

Z

WEITERE INTERESSANTE BÜCHER ZUM THEMA

Der Skoda lief in größeren Stückzahlen, vor allem auf osteuropäischen Straßen. Mit diesem Nachdruck eines Reparaturbands für dieses interessante Fahrzeug, ehemals bei transpress erschienen, liegt ein kompletter Ratgeber für die Typen S 105 S/L - S 120 L/LS/GLS - S 100 - S 110 R vor.
128 Seiten, 90 Abb., 170x240 mm
ISBN 978-3-613-71759-6
€ 39,90 | € (A) 41,10

Der Saporoshez lief in größeren Stückzahlen, vor allem auf osteuropäischen Straßen. Mit diesem Nachdruck eines Reparaturbands für dieses interessante Fahrzeug, ehemals bei transpress erschienen, liegt ein kompletter Ratgeber für die Typen 965A - 966 - 968 - 968A vor.
208 Seiten, 93 Abb., 140x205 mm
ISBN 978-3-613-71757-2
€ 39,90 | € (A) 41,10

Der Wartburg läuft immer noch in größeren Stückzahlen, vor allem auf osteuropäischen Straßen. Mit diesem Nachdruck eines Reparaturbands für den Klassiker aus Eisenach, ehemals bei transpress erschienen, liegt ein kompletter Ratgeber für den Typ 353/353 W vor.
144 Seiten, 104 Abb., 170x240 mm
ISBN 978-3-613-71756-5
€ 39,90 | € (A) 41,10

Der Trabant läuft immer noch in größeren Stückzahlen, vor allem auf osteuropäischen Straßen. Mit diesem Nachdruck eines Reparaturbands für den Klassiker aus Zwickau, ehemals bei transpress erschienen, liegt ein kompletter Ratgeber für den Trabant 601 vor.
128 Seiten, 105 Abb., 170x240 mm
ISBN 978-3-613-71755-8
€ 39,90 | € (A) 41,10

Leseproben zu allen Titeln
auf unserer Internetseite

trans press

Überall, wo es Bücher gibt, oder unter
WWW.MOTORBUCH-VERSAND.DE
Service-Hotline: 0711 / 78 99 21 51
www.facebook.com/MotorbuchVerlag

Stand April 2025
Änderungen in Preis und
Lieferfähigkeit vorbehalten.